Любовь и совместимость знаков Зодиака

Alina A. Rubi
Angeline Rubi

Независимое издание

Авторское право © 2023

Астрологи: Алина А. Руби и Ангелина А. Руби

Электронная почта: rubiediciones29@gmail.com

Издание: Ангелина А. Руби

rubiediciones29@gmail.com

Стоит ли влюбляться?

Когда вы рождаетесь, это чистая книга. Мы приходим в этот мир без заранее продуманных идей, мы не поддерживаем какую-либо позицию, у нас нет религии, мы не принадлежим ни к какой политической партии. Когда приходит время уходить, в этой книге исписаны все страницы.

В книге нашей жизни самые интересные главы чаще всего связаны с нашим любовным опытом. Любовь, волнующая и стимулирующая, сложная и трудная, всегда полная необыкновенных моментов, а также смятения, страсти и тревоги; но, прежде всего, множества промахов. Иногда случается так много любовных разочарований, что мы задаемся вопросом, а стоит ли любовь того? И если бы у нас была возможность отправиться в прошлое, мы бы переписали некоторые страницы этой книги, чтобы действовать по-другому и избежать некоторых из этих несчастливых моментов.

Все вышесказанное - ошибка, потому что, когда мы дарим любовь, она никогда не пропадает зря. В любом случае, лучше оглянуться назад с благодарностью за предоставленную нам возможность любить. Ошибочно думать, что любовь следит за нами и беспокоится о том, выиграли мы или проиграли, и даже если отношения заканчиваются разочарованием, любовь всегда дает жизнь. Мы никогда не должны любить, ожидая, что наши отношения закончатся в стиле диснеевских сказок, мы должны любить с уверенностью, что любовь — это подарок, который всегда стоит дарить. Если мы любим, думая именно так, то печальный финал никогда не сможет лишить любовь ее ценности, потому что любовь — это наша инвестиция в душу другого человека, независимо от результата. Любовь — это то, что мы призваны дарить, не ожидая ничего взамен.

К сожалению, видя такое количество разрушенных браков, неблагополучных отношений, распавшихся семей, неизбежно приходишь к мысли, что любить не стоит. Если ваши сомнения вызваны всем этим социальным хаосом, то они вполне обоснованны. Однако нельзя игнорировать бесчисленные влюбленные души, столетия искусства, поэзии и других форм выражения любви, и, хотя романтическая любовь иногда преувеличивается, это не отменяет ее ценности.

Если вы скептически относитесь к любви, рассудите, что ее смысл не в том, чтобы "мы будем счастливы вечно". Любовь заставит вас утонуть в болоте, ударит вас по лицу и оставит вас хрупким. Однако высшая точка любви больше, чем морские глубины. Влюбленность стоит того, потому что любовь реальна, и она все еще существует.

В нашем обществе многие люди не имеют представления о том, что такое настоящая любовь. Современная индустрия развлечений создала очень извращенное представление о любви, и это засорило сознание многих людей. Не способствуют этому и социальные сети, которые используются в основном "молодыми взрослыми", часто не имеющими достаточного представления о том, что такое любовь, и все искажают.

Никогда не забывайте любить, потому что влюбляться — значит принимать жизнь, наслаждаться каждым мгновением и быть уверенным в том, что мы творцы. Поэтому не пытайтесь переписать книгу, а, наоборот, порадуйтесь за всех тех людей, с

которыми вы разделили особые моменты. Эти страницы -
настоящий подарок к старости.

Овен

Мощный и харизматичный, Овен, первый знак Зодиака, когда дело касается любви и романтики, питается огнем, своей природной стихией.
Известный своим непредсказуемым темпераментом и нежностью, Овен многогранен в любви.

Отчасти успех Овна объясняется его магнетизмом и природными способностями, которые он привлекает своим врожденным энтузиазмом и оптимизмом, наполняя все свои отношения заразительной радостью жизни.

Будучи таким амбициозным знаком, неудивительно, что Овен стремится к идеальным отношениям. Овен может сказать, что идеальные отношения — это те, в которых нет ссор, но на самом деле этот знак больше удовлетворен захватывающей дозой напряжения. Он любит побеждать, а конкуренция заставляет его проявлять свои лучшие качества.

Если Вы хотите удержать его внимание, обязательно признавайте его победы. Все огненные знаки (Овен, Лев и Стрелец) нуждаются в аудитории, но Овен, пожалуй, смелее всех проявляет свою потребность в одобрении, и у вас всегда будут счастливые отношения с напористым Овном, если вы будете заканчивать каждое слово восклицательным, а не вопросительным знаком.

Самолюбие Овна - часть его космической конфигурации, иногда он может быть высокомерным, но его самолюбие — это не плохо. По сути, весь Зодиак начинается благодаря уверенности Овна в себе. Жизнерадостный дух Овна бодрит и вдохновляет, но он может быть непростым, поскольку Овен требует постоянного внимания, которое, если с ним не справиться, может истощить вас. Парам с Овном важно научиться говорить "нет", даже если для этого придется иногда мириться с истериками.

Необходимо помнить, что Овны всегда проверяют границы дозволенного, поэтому не удивляйтесь, если Ваш партнер-Овен время от времени говорит или делает что-то неподобающее. Это их способ измерить, что можно, а что нельзя, поэтому, если Ваш партнер-Овен делает что-то не так, не забудьте сразу же сказать ему об этом.

Этот огненный знак уважает личные границы, поэтому, поняв параметры их отношений, он постарается выполнить все его требования.

Овен нуждается в постоянном уходе и поддержке, и, хотя он производит впечатление сильного, на самом деле он очень деликатен, поэтому, если вы готовы играть роль эмоционального аниматора, ваш партнер-Овен будет вам бесконечно благодарен.

Овен очень честолюбив и хочет быть частью пары, которая блистает и наедине, и на публике, однако если стремления пары Овна превосходят его самого, этот огненный знак становится немного завистливым. В этом случае не стоит беспокоиться, просто найдите возможность отметить его достижения, и он обязательно будет излучать благодарность.

Играть в игры в любви не рекомендуется, но с Овном все обстоит иначе, поскольку ему нравятся вызовы. Однако не стоит прибегать к манипуляциям, поскольку Овен прямолинеен, и нет ничего более ненавистного для него, чем быть осмеянным. Вы можете шутить и быть игривыми, но в конце концов убедитесь, что вы всегда делаете это с честными намерениями.

Овен любит комфорт и ценит стиль, поэтому, если Вы ищете новые способы привлечь его внимание, не бойтесь выделиться, его привлекают смелые модные решения, яркие цвета и бесстрашные узоры. Несоответствия захватывают его горячее сердце, а поскольку он любит радость, то если он заметит, что Вы веселитесь, то сразу же вызовет к себе симпатию.

Овна обуревает страсть, поэтому, когда речь идет о долгосрочных отношениях, очень важно находить новые и захватывающие способы поддерживать пламя любви в постоянном состоянии.

Секс очень важен для Овна, физический контакт гарантирует ему удовлетворение. Они всегда хотят чувствовать, что отношения — это выбор, а не обязанность, поэтому они будут поддерживать искру в отношениях, наполняя их приключениями, драматизмом и, конечно, время от времени ссорясь. Ссоры, помните, на самом деле полезны для Овнов, так как они поддерживают огонь в ваших отношениях, и, если у вас когда-либо были отношения с Овном в течение длительного периода времени, вы знаете, что в какой-то момент эти отношения приходят к перепутью.

Поскольку Овен склонен погружаться в отношения, для него очень важны моменты размышления, так как ему нужна свобода, чтобы обдумать последствия долгосрочных обязательств. Поэтому Вы должны дать ему возможность взвесить свои возможности и прийти к какому-то решению. Немного поразмыслив, ваш партнер-Овен, несомненно, вернется к отношениям более возбужденным.

Когда **Овен** соединяется с **Овном, он** думает об атомной бомбе. Это мощная сила. Сочетание Овен-Овен — это доза нетерпения, умноженная на десять, и каждый из них будет постоянно требовать от своего партнера безопасности и стабильности. К счастью, они понимают друг друга, поэтому, если они готовы, и каждый из них будет бережно относиться к чувствам другого и давать ему свободу, конечно, не становясь эмоционально отстраненным, это могут быть прекрасные долгосрочные отношения, наполненные весельем, приключениями и страстью.

Единственное препятствие в этих отношениях - борьба эго, Овну свойственна конкурентоспособность, и ему трудно отказаться от того, чтобы быть лучшим в чем-то. Это будет основной проблемой, над которой нужно работать, чтобы сделать отношения стабильными.

Эта пара представляет собой встречу двух энергичных духов, и в целом это позитивные отношения. Обоих привлекает желание попробовать что-то новое, но они должны научиться сходиться.

Овны обладают природным великодушием, поэтому им необходимо научиться чередовать, чтобы удовлетворить свои вкусы. Овен прозрачен в своих чувствах, и это помогает двум Овнам никогда не относиться друг к другу с фальшью или лицемерием. Когда Овен влюбляется, это прекрасная пара, которой можно доверять. В паре, состоящей из двух Овнов, не бывает скучно. Их способность компенсировать несоответствия делает их отношения пламенными и взаимопроникающими.

При объединении **Овна и Тельца** не следует забывать, что Телец явно упрям, а когда Овен чувствует вызов, он может быть чрезвычайно упрям. В этом случае они могут столкнуться, породив титанический конфликт.

Однако в отношениях Овна и Тельца присутствует невероятная страсть. Овен любит, когда за ним ухаживает одинокий Телец, а Телец ценит хитрый подход Овна к жизни.
Для обеспечения таких отношений оба должны чувствовать себя комфортно и защищенно.

Это могут быть отношения, в которых вы оба многому научитесь: Телец может научить Овна контролировать свои непрактичные импульсы, а Овен - быть более авантюрным. Телец утончен, конформен и внимателен. Овен чувствует себя поглощенным этими способностями. Овен воспринимает Тельца как своего сотрудника, абсолютно стабильного. Телец воспринимает Овна как человека, умеющего пользоваться жизненными возможностями.
Если оба знака будут помнить об этой игре, то отношения могут быть исключительно хорошими.

Овен и Близнецы игривы, спонтанны, но оба легко скучают. Этим знакам требуется много стимулов, но эта пара прекрасно умеет поддерживать интерес каждого из них. Эти двое всегда с удовольствием отправляются в совместные поездки на выходные, устраивают вечеринки и вдохновляют друг друга. И Овна, и Близнецов легко развлечь, поэтому этим двум знакам необходимо занимать себя сверхурочно, чтобы не допустить разрыва отношений. Здесь важно помнить, что отношения — это не только отдых, смех и игры, это еще и ответственность, и посвящение.

Овен и Рак — это немного противоречивые отношения. Рак очень чувствителен, и может возникнуть конфликт, когда Овен почувствует, что его огонь потушен слабостью Рака. Однако Овен и Рак - творцы, поэтому, работая вместе, они стимулируют друг друга к раскрытию своего потенциала. На первый взгляд, Овен - лидер, всегда готовый принять любой вызов, но Рак втайне руководит ситуацией благодаря эмоциональному мастерству и умению просчитывать ситуацию. Если оба партнера относятся друг к другу с любовью, то это может привести к очень прочным отношениям.

Овен и Лев, когда они объединяются, горят ярким пламенем. Овен и Лев страстны, динамичны и полны жизни, поэтому, когда их связывают романтические отношения, их невозможно остановить. Овну и Льву нравится освежать пламя друг друга, проявляя большую привязанность и разыгрывая вихрь драматических событий. Несмотря на это, в паре могут возникать проблемы, когда Лев разочаровывается в детской вспыльчивости Овна, а Овну становится не по себе от громоздкого снобизма Льва. Однако пара Овен-Лев очень весела, и вместе они составляют прекрасное сочетание.

Овен и Дева - редкая пара. Дева скрупулезен, основателен и чрезвычайно тщателен. Овна же, напротив, не беспокоят мелочи. В паре Овен-Вирга наблюдаются серьезные приступы привычек. На самом деле Дева может проинструктировать Овна и научиться расслабляться, а Овен - осознать, что во внимании к деталям нет ничего адского. Если и Овен, и Дева будут относиться друг к другу с пониманием и покорностью к своим несовместимостям, можно создать эффективные отношения.

Овен-Либра. В зодиаке эти два знака противоположны: Овен - знак "я", а Весы - знак "мы"; Овен - борец, а Весы - гармония. Овен - созидатель, а Весы - интеллектуал. Однако, объединившись в братство, они образуют необычайно динамичную пару, с сильным сексуальным притяжением. Отношения Овна и Весов — это противовес, поддерживающий каждое из их лучших качеств. Весы ценят гармонию в союзе и сделают все возможное, чтобы ее сохранить. Каждый из них вносит в отношения то, чего не хватает другому, достигая удивительной гармонии.

Овна и Скорпиона объединяет невероятный энтузиазм, но разные способы проявления энергии. Овну нравится сразу бросаться в бой, а Скорпион предпочитает создать свое пространство и наблюдать за ним издалека. Однако, несмотря на их несовпадение, отношения Овна и Скорпиона отличаются отстраненностью и огромным количеством секса, потому что эти теплокровные любовники.   Их связь очень страстна и часто вызывает споры, поскольку оба партнера склонны к ревности.

Овен-Стрелец - привлекательные отношения. Овен зажигает свечу, а затем передает ее Стрельцу, который использует ее для создания деревенского огня. Стрелец — это мощная энергия, которая усиливает изжогу Овна. Эти двое неуправляемы. Однако им следует быть очень осторожными, поскольку такие отношения чреваты несчастными случаями, так как Овен всегда спешит, а Стрелец склонен смотреть на все, кроме очевидного. Поддерживать эти отношения довольно сложно, поскольку у вас обоих много энергии, чтобы начать что-то новое, но мало мотивации, чтобы продолжать. Овен более чувствителен, чем праздничный Стрелец, поэтому обоим нужно обязательно прислушиваться друг к другу и оказывать взаимную поддержку.

Овен и Козерог, на первый взгляд, могут показаться несколько несхожими. На Овна влияет первоначальный импульс, в то время как Козерог, несомненно, самый трудолюбивый знак и стимулируется долгосрочным успехом. На самом деле Козерог медленно поднимается к вершине, в то время как Овен прокладывает себе путь быстро. У них совершенно разные способы взаимодействия с миром, но в паре они могут работать очень хорошо. Эффективному Козерогу нравится позиция Овна, а торопливый Овен ценит необыкновенную точность Козерога, и это создает союз, который вдохновляет и приносит удовлетворение.   Овен должен быть осторожен, чтобы не работать против Козерога, который, в свою очередь, должен стараться не увлажнять пылкую душу Овна.

Овен и Водолей могут иметь длительные отношения. Овен - чрезвычайно твердый и спонтанный знак, но он несколько меняет свою форму в отношениях с Водолеем - знаком, известным своей отстраненностью и холодным состраданием.   Однако на самом деле именно Овен из кожи вон лезет, чтобы приспособить к себе Водолея. Оба они ценят свободу, но склонность Овна к собственничеству может заставить Водолея защищаться. Несмотря на то, что между ними существует особая связь, они смотрят на мир разными глазами. Когда Водолей рядом с ним, Овен будет стараться мыслить свободно, и, хотя, конечно, будет период адаптации, их отношения очень очаровательны.

Овен и Рыбы - необыкновенное сочетание. Как первый и последний знаки Зодиака, они образуют мощный кармический дуэт, основанный на мудрости, разуме и интуиции. Овен безмятежен с бальзамической энергией Рыб, а мягкие Рыбы наэлектризованы огненным духом Овна. Рыбы глубоко понимают Овна, и это может помочь облегчить любую проблему. Рыбы знают, как не дать Овну стать чрезмерно безрассудным. Вместе они образуют динамичный дуэт, сочетающий искренность Овна и остроту интуиции Рыб. Хотя этим двум знакам необходимо уважать различия друг друга, у них есть особая возможность помочь друг другу понять всю полноту человеческого опыта. Вместе они смогут позитивно завершить любой план, который вы решите начать. Им действительно есть чему поучиться друг у друга. Рыбы научат Овна сопереживать, а Овен покажет Рыбам, как реализовать свои мечты.
Когда они создают отношения, все идет очень хорошо для них обоих, то есть они получают подпитку от своего союза. Они искренние люди в своих отношениях, и в конце концов природная острота, которой обладают Овен и Рыбы, поможет им

обнаружить, что их отношения могут работать лучше, чем кто-либо может себе представить.   Такому экстрасенсу, как Рыбы, нужен земной партнер, стоящий ногами на земле, и его можно найти в Овне.

Телец

В Тельца легко влюбиться. Этот знак - чистая поэма и страсть. Управляемый Венерой, планетой любви, Телец наслаждается хорошей жизнью и, по сути, никогда не согласится на меньшее, чем заслуживает, за что и получил звание самого упрямого знака Зодиака.

Управляемый Венерой, Телец любит романтику, умеет влюбляться и любит быть кортежа ором, поэтому, естественно, умеет соблазнять. Телец страстен, серьезно относится к своим обязанностям и хочет иметь партнера на всю жизнь, потому что он так традиционен.

Ничто так не возбуждает Тельца, как чувство защищенности. Тельца любят за то, что он стабильный, приземленный и честный жених. Очень важно иметь в виду, что прежде, чем хранить верность, Тельца нужно накормить и напоить так, как будто завтрашнего дня не будет. Тельцу, связанному с Венерой, свойственна эротическая форма соблазнения, так что если вы готовы влюбиться, то приготовьтесь к путешествию по отголоскам и ароматам.

Поскольку Телец так тесно связан с материальным миром, ему нравится выражать свое поклонение через подарки, и он никогда не решится подарить Вам дешевую вещь. Телец выразит свое восхищение подарком, от которого захватывает дух. Это не совсем альтруизм, он ожидает чего-то взамен.

Тельцу не нужно знать, что Вы его цените и что отношения с ним взаимны. Ведь каждый раз, когда Телец выражает симпатию или антипатию, он ожидает, что Вы это запомните. Уделяйте много внимания замечаниям партнера-Тельца, лучше даже делать какие-то заметки.

Если он намекнет, что любит тыквенный заварной крем, то скажет, что будет ждать, когда Вы его купите. Хотя Телец пропитан чувственностью, очень важно, чтобы Вы не переходили границы дозволенного. На самом деле этот земной экземпляр будет очень подозрительно относиться к людям с грубым подходом, поэтому не спешите завоевывать их доверие. Тельцы, когда речь идет о любви, не торопятся, поэтому воспользуйтесь возможностью спокойно двигаться вперед, позволяя отношениям развиваться естественным образом.

Ему требуется время, чтобы открыться, потому что он наслаждается всем процессом, а для этой венерианской пары влюбленность - невероятно волшебный опыт, который того стоит. Телец ценит надежность и тяготеет к парам, разделяющим его взгляды на финансы, профессию и семью.

Поскольку все эти моменты так важны для них, то с самого начала легко определить их намерения. Да, если на третьем свидании Телец спросит Вас о доходах, карьерных устремлениях или о доме Вашей мечты, Вы можете быть уверены, что он заинтересован или серьезно настроен.

Для влюбленных Тельцов секс - очень важная вещь. Соответственно, не так важен сам акт, как его подготовка. Прелюдия — это то, что возбуждает вас больше всего, и, как и все с этим и сыном Венеры, она должна быть полным сенсорным

опытом. Не забывайте об этом: Тельцы любят традиции, и эти освященные жесты поклонения будут хорошо восприняты и создадут атмосферу, способствующую чрезвычайно страстному вечеру. Эрогенная зона Тельца - шея, поэтому поцелуи в эту область сведут вас с ума. Хотя Тельцу нравится быть с партнером, ему также необходимо много времени наедине с собой, чтобы побаловать себя, он серьезно относится к ритуалам ухода за собой и, особенно если его пространство находится под угрозой, может стать очень собственническим или с его окружением.
Никогда не думайте прикасаться к священным предметам Тельца. Для него взять что-то без вреда — это объявление войны.

Поскольку этот знак придает ценность любому имуществу и заботится обо всем, что ему принадлежит, а это может быстро перерасти в легкое накопительство, ни в коем случае не выбрасывайте то, что принадлежит Тельцу. Не стоит рисковать своим гневом. Да и при его роскошных вкусах практически ничего не стоит выбросить.

Для Тельца качество превыше количества. Другими словами, Вашему партнеру-Тельцу будет все равно, сколько у Вас кошельков, лишь бы они были роскошными. Когда речь идет о прочных отношениях с Тельцом, деньги имеют значение. Конечно, это не означает, что вас привлекают или интересуют исключительно миллиардеры.

На самом деле, объект не так уж и важен. На самом деле разница заключается в том, как ваш партнер зарабатывает и сохраняет свои доходы.
Позаботьтесь о том, чтобы всегда признавать заслуженный успех партнера-Тельца.

Это кажется немного сложным, или это знак, но как только вы начнете приспосабливаться к такому образу жизни, вы также поймете, что все это оправдано.

Тельцы любят еду, путь к сердцу Тельца проходит через желудок, поэтому самые чувственные отношения всегда будут включать изысканные блюда.

Когда **Телец и Овен** соединяются на первых порах, Телец может проявить некоторую осторожность, когда речь идет об установлении отношений с импульсивным Овном. Хотя он очень ценит энергию воина и зодиака, Бык может действовать с умом. Однако стоит Овну проявить твердость, как эти двое могут образовать чрезвычайно динамичный дуэт, в котором Овен будет генерировать блестящие идеи, а благоразумный Телец - давать дельные рекомендации. Если оба знака смогут избежать склонности считать, что они всегда правы, то смогут преподать друг другу бесценные уроки, сформировав долгосрочные отношения.

Телец и Телец — это прекрасные отношения. Они разделяют вкус к изысканным блюдам, горячему душу и массажу тела. Эта пара необычайно магнетона. Когда они встречаются, то могут провести весь день в обнимку. Но когда все слишком хорошо или в такой динамике, может возникнуть скука. Каждый из партнеров должен активно подталкивать другого к достижению своей мечты. В противном случае этот дуэт может бесконечно долго лежать на диване и смотреть сериалы Netflix, поедая мороженое.

Телец и Близнецы, похоже, сложная пара. Близнецы говорят очень быстро и остроумно, что заставляет пассивного Тельца нервничать из-за того, что ему трудно понять мотивы Близнецов. В итоге Телец может пойти на компромисс со своими потребностями из-за такого стремительного образа жизни, а Близнецы, в свою очередь, могут стать все более нетерпеливыми по отношению к тщательной обработке информации Тельцом, что может склонить его к выходу из отношений. Однако если эта пара сможет прийти к консенсусу, то отношения будут сбалансированными. Близнецы научат Тельца расслабляться, а Телец будет вдохновлять Близнецов на более неторопливые действия.

Между Тельцом и Раком существует невероятное сходство, ведь это два знака, которые ценят безопасность и стабильность, а также заботятся о создании домашней обстановки. В этом космическом дуэте Рак будет способствовать созданию эмоциональной структуры, а Телец будет с удовольствием заниматься оформлением физического пространства, которое они разделяют. Однако и Телец, и Рак могут быть чрезвычайно собственниками. Без здорового общения эта пара может ополчиться друг на друга, стать все более темпераментной и ревнивой.

Тельцу следует стремиться понять эмоциональную сторону Рака, который часто сдерживает свои эмоции, что может периодически вызывать проблемы. В конце концов, именно поэтому Рак чувствует себя околдованным благородной личностью Тельца. Хотя вербальное общение не является сильной чертой обоих, эти отношения будут процветать благодаря искреннему диалогу.

У Тельца и Льва много общих интересов. Пить ли супердорогое вино, посещать ли шикарные рестораны или покупать одежду от лучших дизайнеров - Тельца и Льва объединяет то, что они оба любят роскошь. Однако, когда приходят счета по кредитным картам или они смотрят на свои банковские счета, то быстро понимают, насколько их взгляды расходятся.

Телец ценит вложения, а Лев - показную роскошь. Телец и Лев верны и старательны, и их тщеславие и упрямство могут привести к серьезным проблемам. Однако если эти два упрямых знака испытают на себе внимание и постараются уступить, то у них есть потенциал для прекрасного будущего.

Телец и Дева - земные знаки, и когда родственные стихии собираются вместе, между ними возникает мгновенная связь. Отношения Тельца и Девы основаны на разуме, поскольку оба знака ценят прагматизм. Однако Телец немного капризен по сравнению с подозрительной Девой. Телец определенно знает, как побаловать себя, в то время как Дева предпочитает играть в безопасность. В конечном счете эта пара сильна тем, что Дева глубоко уважает качества Тельца и восхищается тем, как он празднует великолепие жизни. Телец ценит внимание к деталям, характерное для Девы. У этих двух знаков действительно много общего, и если они терпеливы, то могут работать вместе, и эта пара обладает невероятным потенциалом для развития.

Тельцы и Весы - оба знака находятся под управлением Венеры, планеты любви, красоты и денег. Они образуют романтическое сочетание, поскольку упрямая чувствительность Тельца компенсируется спокойной дипломатичностью Весов, а эстетизм Весов совершенствуется домашними страстями Тельца. Эти два знака сходятся во многих важных вопросах, хотя иногда, когда собственническая личность Тельца ущемляется настойчивым социальным взаимодействием Весов, "бык" чувствует себя неуравновешенным.   Но на самом деле это не так уж и важно, поскольку, в конце концов, эти конфликты решаются в постели, где пара Телец-Либра действительно блистает восхитительным сексом.

Телец и Скорпион - противоположные знаки, здесь притяжение действительно автоматическое. Оба любят процветание. Телец больше сосредоточен на себе, чем Скорпион, который больше заботится о своем партнере и ближайших родственниках. Оба испытывают острую потребность в безопасности, укорененную в отношениях, но по-разному ее проецируют. Телец ценит нравственность и искренность и не приемлет измены, а Скорпион не любит быть сдержанным. Стремление Скорпиона к безопасности основано на его потребности быть постоянно защищенным своим партнером.
Хотя в этих отношениях не все идеально, поскольку Телец требует материальных благ, а Скорпион стремится к эмоциональному контролю, но, собравшись вместе, они могут создать прекрасную пару, основанную на взаимном уважении.

Телец и Стрелец сходят с ума от взаимности, как ни странно, эти два знака чувствуют неоспоримое влечение друг к другу. Стрелец ценит способность Тельца принимать решения, и, хотя кочевой образ жизни Стрельца угрожает спокойствию Тельца, он заинтригован его нетерпеливым духом. Секс в этой паре просто фантастический: каждый учит другого пробовать что-то новое. разные. Но и за пределами спальни эти двое должны стремиться к тому, чтобы сохранить честные и прочные отношения. Тельцу придется дать Стрельцу пространство, а Стрелец должен найти покой в домашней сфере Тельца. Если каждый из них научится принимать различия друг друга, то эта пара будет обладать невероятной химией.

Телец и Козерог - очень совместимая пара. Тельца восхищает непоколебимая целеустремленность Козерога, а Козерогу нравится элегантность и домашний уют Тельца. Оба они - люди с большим опытом, стоящие на земле и прекрасно понимающие друг друга. Конечно, в любых отношениях присутствует работа, и в данном случае обеим сторонам необходимо стараться. Телец будет пытаться подбодрить невозмутимого Козерога - тщетные усилия для этого знака, сына повелителя кармы, и точно так же, будучи знаком стихии земли, Козерог будет пытаться приучить Тельца к ответственности, однако, если эти два знака сосредоточатся на своих сходствах, а не на различиях, то могут работать очень хорошо.

Телец и Водолей — это мелодрама. Традиционные взгляды Тельца устаревают по сравнению с либералами Водолея, чья креативность выливается в бунтарскую художественную феерию. Если Телец требует организованности и благополучия, то Водолея стимулирует абстрактный интеллект. По сути, таких бескомпромиссных знаков, как эти два, может и не быть, поэтому пара Тельца с Водолеем очень непроста. Если Телец и Водолей ищут отношения, им следует сосредоточиться на обязательствах, терпении и терпимости, чтобы обеспечить чистоту отношений.

Оба знака должны научиться общаться через общие интересы. Таким образом, у них будут крепкие и стабильные отношения.

Тельцы и Рыбы обладают невероятным потенциалом как пара. Творческие способности Рыб дают жизнь эффективному видению Тельца, а согласованность Тельца служит для Рыб системой поддержки, позволяющей им раскрыть свою уникальность. Между этими двумя знаками существует невероятный союз, хотя они очень непохожи друг на друга. Стремительность Рыб может поставить стабильного Тельца в неловкое положение. Если возникнет конфликт, Тельцу следует быть очень осторожным в проявлении несоразмерности. Рыбы очень эмоциональны, и если вы будете стесняться, то можете расстаться навсегда. При небольшом интересе и старании отсюда могут родиться отношения без срока годности.

Близнецы

Близнецы - воздушный знак, который может без проблем развиваться среди ваших друзей, на вечеринках и вечерах румбы. Близнецами управляет Меркурий, планета общения, поэтому вы всегда сможете найти темы для разговора.

Близнецы - прекрасные анекдотисты, а их динамичная энергия и магнетизм привлекают романтические пары. Людям ревнивым следует знать, что Близнец не одинок, так как у него всегда есть поклонники и последователи. Поскольку Близнецы выражают свои эмоции вовне, он любит прикрываться. Самовыражение для меркантильного Близнеца имеет первостепенное значение, поэтому ему необходимо, чтобы все линии связи были открыты, и он был готов получать информацию.

На самом деле, ему неважно, как будут переданы его идеи, важнее то, что он говорит. Нет ничего, что Близнецы презирали бы больше, чем отдых, он всегда занят. Он не перестает выделывать фокусы со своими многочисленными развлечениями, склонностями и социальными обязательствами. Этот воздушный знак может жаловаться на переутомление, но если проанализировать свой распорядок дня, то все его поручения оказываются необязательными, что говорит о том, что планы Близнецов - не более чем результат их исключительной двойственности.

Близнецы любят делиться своими мыслями и идеями, но они не умеют слушать, их легко отвлечь, поэтому очень важно, чтобы Вы следили за тем, чтобы Ваша пара Близнецов уделяла Вам внимание. Если случайно вы видите, что он уходит от разговора, не стесняйтесь сказать ему об этом и напомнить, что общение происходит между двумя. Удержать интерес Близнеца нелегко, более того, он не знает, как сохранить внимание. Вы все это видели, и лучший способ удержать взгляд — это не отвлекаться. Внесите необходимые изменения и не забывайте, что никогда не следует поступаться своими ценностями или потребностями. Познакомившись с Близнецами поближе, получите удовольствие от открытия своего собственного многообразия. Техника соблазнения, которая работает с Близнецами, — это разговор, и, будучи самым разносторонним знаком, он с удовольствием расскажет вам о своих увлечениях и интересах.

Поскольку этот знак очень любопытен, общение с ним напоминает смотрение в зеркало, так как он обладает удивительной способностью отражать то, что вы ему говорите. Это может показаться странным, но такова природа этого знака. Свидания с Близнецами — это стимулирующий опыт, но вы должны быть осторожны, поскольку Близнецы требуют постоянной стимуляции, что иногда затрудняет понимание того, что является эмоционально глубоким. Обязательно найдите время, чтобы посидеть и пообщаться с партнером Близнецов, не отвлекаясь на посторонние дела, и напомните ему, что приятные приемы — это никогда не потерянное время.

Близнецы любят секс, но это еще одна форма общения. У Близнецов сильный сексуальный аппетит, и чтобы возбудить его, достаточно пары проникновенных комментариев. Когда речь идет о грязных разговорах, Близнецы пишут энциклопедию, поэтому вы можете возбудить его, объяснив, что именно вам нравится делать в постели. Таким образом, он будет одновременно чувствовать и анализировать - сочетание, которое вызывает у него оргазм.

Одна из особенностей Близнецов - то, как быстро он может оправиться от самых губительных ошибок. В отличие от других знаков, им не управляет эго. Он любит веселиться, поэтому не позволяет своему эго мешать ему, а когда совершает ошибку, то не защищается. Если Близнецам нужно принести извинения, они сразу же это сделают. Хотя это качество вызывает огромное уважение, оно не совсем великодушно. Близнецы ожидают, что вы примете его извинения с той же поспешностью. Близнецы наиболее счастливы, когда они заняты, и как только их календарь становится слишком расслабленным, он находит способ повернуть все вспять. Дело не в том, что это его пугает, а в том, что он не любит скучать.

Все это может оказаться непростой задачей для пар Близнецов. Стабильные отношения требуют много заботы, а Близнецы не могут предложить ее с легкостью, поэтому, когда вы находитесь в отношениях, вам необходимо убедиться, что вы отдаете приоритет своим отношениям.

Поскольку этот воздушный знак готов попробовать все хотя бы раз, а иногда и дважды, ему нравится исследовать различные аспекты своей личности через романтические отношения.

Хотя Близнецы и не показывают этого, они ищут безмятежную дверь, которая уравновесит их интимное или семейное пространство, поскольку для модификаций у него и так достаточно с ла с а. Этот воздушный знак постоянно ищет, с кем бы он мог поддерживать хорошие отношения, и по этой причине он всегда бессвязен.

Близнецы и Овны — это крепкие отношения, в которых присутствует всевозможная динамика: и дружба, и романтика. Как и Овны, Близнецы наслаждаются своими ошибками и ценят динамику друг друга. Своими шутками, кодовыми словами и весельем Близнецы и Овны пробуждают друг в друге все лучшее. Однако опасность заключается в том, что ни Близнецы, ни Овны не умеют особенно хорошо заканчивать вечер.
В этой паре важно, чтобы кто-то не брал на себя ответственность. В противном случае этим любителям вечеринок может быть трудно создать здоровые, эмоционально крепкие отношения.

Отношения **Близнецов и Тельца** нельзя назвать комфортными, но если оба они преданы своему делу, то могут получить прочные отношения. Телец, обладая сильным характером, никогда не боится устанавливать границы. У Близнецов совершенно другое мировоззрение, поэтому им непонятна жадная потребность Тельца в безопасности. Однако если им удастся договориться между постоянством и быстротечностью, они смогут преподать друг другу бесценные уроки. Если Телец и Близнецы готовы пойти на существенные изменения, чтобы компенсировать потребности друг друга, то эти отношения могут быть интересными и захватывающими.

Два Близнеца — это как вечеринка средь бела дня. Они глубоко понимают друг друга и никогда не устают. Проблема этой пары в том, что им может не хватать перспективы. Чтобы отношения Близнецов^2 были успешными в долгосрочной перспективе, каждый должен научиться слушать. У обоих будет много новаторских идей, но, если один из них не будет готов предложить стабильность, он рискует потерять контроль и разрушить отношения.

Близнецы и Рак могут построить прекрасные отношения, если захотят. У Рака очень характерный подход к жизни, потому что он очень знающий и интуитивный, и ему нужно много любви и подтверждения, чтобы чувствовать себя в безопасности. Поначалу может показаться, что мозг Близнецов никогда не сможет предложить такую установку, но Близнецы гибкие. Если Рак умеет прямо заявить о своих потребностях, Близнецы будут стремиться удовлетворить их.
Глубокие эмоции и чувствительность Рака также сталкиваются с отстраненностью Близнецов. Однако если Близнецы снимут свою маску, то эта пара может стать достойной сохранения. В итоге несмотря на то, что эти отношения требуют определенных усилий и вложений, эти знаки могут построить сострадательную и веселую связь.

Близнецы и Лев — это дух любой вечеринки, вместе они образуют эффективную и активную пару, к которой нужно прислушиваться и замечать. Льва прельщает быть в центре событий, а для Близнецов нет ничего более соблазнительного, чем поиск праздника. Эти два посланника общества счастливы во встречах, но расходятся по многим вопросам.

Лев любит блистать перед публикой, но в итоге ему нужны честные отношения. Близнецы же, напротив, не заинтересованы в том, чтобы произвести на кого-то впечатление. На самом деле Близнецы заботятся о том, чтобы удовлетворить свою жажду любопытства. Когда Лев хочет установить доверие, Близнецы хотят развлечься. В результате Лев может оценить Близнецов как бесчувственных, а Близнецов может разочаровать потребность Льва.

Однако благодаря общению они могут научиться строить отношения на основе стремления и удовольствия.

Близнецы и Дева, управляемые Меркурием, планетой общения, разделяют возвышенное понимание и любовь к самовыражению. Однако, несмотря на такое влияние, эти два знака обладают совершенно разными способами передачи информации. Близнецы уклончивы, в то время как Дева очень доступна.

Близнецы проницательны и быстро излагают свои мысли, в то время как Дева, проницательный аналитик и обработчик, предпочитает идеи только после их правильной организации.

Поэтому в отношениях между этими двумя знаками им придется приложить немало усилий, чтобы в равной степени разделять и слышать друг друга. В противном случае Близнецы, скорее всего, будут монополизировать разговор, а Дева будет копить молчаливый гнев на своего непомерно болтливого товарища. Близнецы, будучи общительными, могут также заставить Деву быть раздражительной или ревнивой, однако, когда каждый из знаков ослабит бдительность и решит повеселиться, у этих отношений есть потенциал.

Между Близнецами и Весами возникает мгновенная связь, когда они соединены. Оба находятся в полном равновесии. Их связывают веселые разговоры, очаровательные истории и множество сказочных праздников. Однако может возникнуть напряжение, когда Весы, при всем своем блеске, будут разочарованы шутками Близнецов. Дело в том, что Близнецы говорят обо всем и с кем угодно, а Весы более избирательны в том, что касается начала разговора, что может показаться Близнецам несколько самонадеянным. Однако, если каждый знак сможет придерживаться подхода другого, пара может просуществовать долгое время.

Близнецы и Скорпион неравноценны. Близнецы слишком заняты многочисленными эмоциями, чтобы ввязываться в конкретную драму, в то время как Скорпион никогда не посмеет ослабить бдительность, если не будет знать, что это реальность. Интересно, что Близнецы и Скорпион притягиваются мощным и соблазнительным образом. Близнецов гипнотизирует одухотворенный Скорпион, а Скорпион озабочен тем, чтобы попытаться завоевать расположение Близнецов. Поначалу отношения стимулируются желанием, но после создания пары им приходится сталкиваться с некоторыми важными трудностями. Находчивым Близнецам нужна свобода, а могущественный Скорпион требует непоколебимой верности. И если Близнецы гибкие, то Скорпион цепляется за свои чувства, поэтому важно, чтобы оба практика читали пути друг друга. Эта пара нелегка, но они обладают необыкновенной химией, особенно сексуальной, и это может сделать их отношения стоящими всех трудов.

Близнецы и Стрелец очень совместимы, эта пара - одна из самых динамичных во всем Зодиаке. Эти знаки - бродяги по натуре, а когда они собираются вместе, то образуют невероятно изысканную энергетическую пару, любящую отдых. У них родственные взгляды на жизнь, они смотрят на мир с одинаковым неистовством и оптимизмом. Близнецы и Стрелец - прирожденные рассказчики, а ментальная стимуляция между этими двумя знаками заставляет нейроны проецироваться с высокой скоростью. В принципе, эти отношения не требуют большой работы, но им не следует воспринимать свои отношения как нечто само собой разумеющееся. Любые отношения требуют доверия и обязательств, поэтому обоим необходимо следить за тем, чтобы не допускать излишних вольностей.
Порой самолюбие Стрельца может создавать проблемы, но Близнецы с их умением внушать знают, как направить обстоятельства в нужное русло. Очевидно, что Стрельцу есть чем похвастаться, но ему следует быть более скромным.

Близнецы и Козерог - отношения, требующие большой самоотдачи. Козерог ошеломлен Близнецами. Самый трудолюбивый знак Зодиака не понимает, как столь непостоянный человек может добиться стольких успехов. В то время как Козерог изнемогает от работы, Близнецы, словно волшебник, демонстрируют разнообразные способы достижения успеха, оставляя Козерога изумленным и полностью влюбленным. Благодаря общению эти двое могут постепенно научиться лучше понимать друг друга. Чтобы построить здоровые отношения, Козерог должен согласиться с тем, что Близнецы часто меняют свое мнение. Близнецы должны доносить до Козерога ход своих мыслей, чтобы его земной спутник мог разобраться в причинах непропорциональных изменений. Короче говоря, динамика этих отношений может сработать, но она потребует освящения с обеих сторон.

Близнецы и Водолей имеют схожие идеи. Водолей очень заинтригован проницательными Близнецами, а те, в свою очередь, в восторге от непреклонности и глубокой гуманитарной страсти Водолея. Близнецы и Водолей понимают друг друга со зрелостью и умеют обострить воображение друг друга прекрасным диалогом. Однако Водолей известен своими экстремистскими бунтарскими идеями, которые, хотя и прекрасны, могут раздражать Близнецов, обычно предпочитающих привычность бунтарству. Однако, несмотря на небольшое разногласие, этим двоим легко научиться быть вместе. Со временем эти отношения могут перерасти в официальный и продолжительный роман.

У **Близнецов и Рыб** сложные взаимоотношения. Поскольку Близнецы олицетворяют близнецов, этот воздушный знак несет свою двойственность на лице. С другой стороны, множественные профили Рыб менее заметны невооруженным глазом. Знак Рыб представляет собой двух объединенных рыб, движущихся в противоположных направлениях, что символизирует их связь как с тонкой, так и с земной сферами. Поскольку оба имеют два лица, они понимают потребность друг друга в свободе и исследованиях. Однако ни Близнецы, ни Рыбы не умеют создавать границы, поэтому этой паре приходится упорно бороться за создание динамики. Рыбы чувствительны и могут заподозрить цели, которые скрываются за хитрой тонкостью Близнецов. В то же время Близнецы, скорее всего, сочтут Рыб излишне драматичными. Чтобы сработаться, этой паре необходимо общаться честно и без игр.

Рак

Рак - водный знак, символизируемый крабом, который ходит между морем и его берегом, что также отражается в его способности сливать воедино эмоциональное и физическое состояния. Интуиция Рака, идущая от его эмоциональной составляющей, проявляется в ощутимой форме, а поскольку безопасность и честность для этого знака имеют первостепенное значение, то поначалу он может быть несколько холодным и отстраненным.

Рак постепенно раскрывает свой нежный дух, а также искреннее сострадание и экстрасенсорные способности. Если вам повезет, и вы заслужите его доверие, то он обнаружит, что, несмотря на свою первоначальную застенчивость, ему нравится со-бытие. Для этого влюбленного пара - действительно лучший подарок, он награждает отношения нерушимой верностью, ответственностью и эмоциональной поддержкой. Он склонен к домашнему уюту, и его дом — это личный храм, территория, где он может выразить свою индивидуальность.

Обладая способностями к домашнему хозяйству, краб также является прекрасным хозяином. Не удивляйтесь, если ваш партнер-Рак будет льстить вам домашней едой, ведь нет ничего более любимого, чем натуральная пища. Рак также очень заботится о своих друзьях и близких и любит брать на себя роль опекуна, что позволяет ему создавать страстные узы с самыми близкими людьми. Но никогда не забывайте, что, вкладывая в человека эмоциональные силы, Рак рискует стереть грань между заботой и контролем.

Рак, как и Луна, обладает переменчивым характером и склонностью к нестабильности. Рак - самый угрюмый знак Зодиака. Их партнеры должны научиться ценить их эмоциональные вариации, и, конечно, Рак должен контролировать свою чувствительность. Его защитные привычки имеют противоположную сторону, и когда он чувствует, что его провоцируют, то без колебаний переходит к обороне. Рак должен помнить, что ошибки и случайные ссоры не делают его партнера своим врагом. Кроме того, необходимо энергично стремиться к присутствию в своих отношениях.

Как эмоциональному и интроспективному знаку, вам легко замкнуться в себе, и если вы не будете присутствовать в отношениях, то в следующий раз, когда вы выйдете из своей раковины, ваш партнер может уже не быть рядом с вами. Рак умеет слушать, а когда он выходит из своего панциря, то становится эмоциональной губкой. Ваш партнер-Рак будет впитывать ваши эмоции, что иногда может поддержать вас, но иногда может и задушить. Нелегко определить, подражает ли Рак Вам или действительно сопереживает, но поскольку они настолько взаимосвязаны со своим партнером, это не имеет значения.

Если эмоциональная поддержка Рака мешает Вашей личности, лучше от нее отказаться. Этому чувствительному знаку легко возразить даже на самое тонкое мнение, и, хотя он избегает прямых конфликтов, ходя под углом, он также может использовать свои моляры. Такое характерное беззаботное и провокационное поведение вполне ожидаемо, и редко кто встречается с Раком, не испытав на себе хотя бы раз его характерный скверный нрав.

Из-за чувствительности Рака спорить с ним нелегко, но со временем вы узнаете, какие слова следует говорить, и, что еще важнее, чего следует избегать. Знайте, что беспокоит вашего партнера, и со временем вам будет легче вести сложные диалоги. Важно знать, как работает это волшебное существо в свои лучшие и худшие моменты. В конце концов, самое главное, что нужно помнить, - Рак никогда не бывает таким равнодушным, каким кажется.

Самое сложное в отношениях с Раком — это пробиться сквозь его твердую и жесткую поверхность. Поэтому при флирте с Раком необходимо проявлять терпимость. Придерживайтесь медленного и уверенного темпа, и со временем вы обретете уверенность в себе, чтобы раскрыть свое истинное "я". Конечно, это может быть долгим и сложным процессом, и малейшая ошибка может поставить Рака в оборонительное положение, так что два шага вперед могут превратиться в один шаг назад. Не отчаивайтесь, это не личное, это просто физиология рака.

Рак может заниматься случайным сексом, но этот сладкий водный знак предпочитает отношения, в которых присутствует эмоциональная близость. Помните, что Рак нуждается в полной отдаче, прежде чем покинуть свое лицо, и это особенно важно, когда речь идет о сексуальности. Для рака доверие питается физической близостью. Вы можете начать культивировать сексуальные отношения с Раком, вливаясь в них постепенно, учитывая его ритм и ласки. Это позволит Раку почувствовать себя более комфортно при слиянии эмоционального и физического проявления, убедиться в том, что она чувствует себя защищенной, или перед тем, как начать заниматься любовью.

Хотя Рак терпелив и склонен к исключительной верности, поскольку ему необходимо чувствовать себя защищенным или, наоборот, понятым или любимым своим партнером, он может искать близости с другим человеком, если чувствует, что эти требования не удовлетворяются.

 Рак может быть очень злопамятным, поэтому любые тайные отношения будут вычислены, а бродячий рак заставит отнести свой хлам в могилу, принять дополнительные меры, чтобы встреча не была обнаружена, закопав улики на морском берегу.

На самом деле, даже у самого верного краба будут секреты, но это не значит, что они плохие или злые. Каждый заслуживает того, чтобы держать некоторые вещи в тайне, к тому же небольшая загадка придаст отношениям оттенок.

Раку нелегко установить серьезные и преданные отношения, и когда он почувствует себя в безопасности или нет, то захочет их разорвать.

Рак склонен сохранять отношения даже после того, как искра угасла, потому что Рак в душе сентиментален. Но, конечно, не всем отношениям суждено длиться вечно.

Этот водный знак не склонен к мстительности, но, когда сердце разбито, вы знаете, как установить границы. Удаление номера телефона, блокировка и отказ от подписки в социальных сетях позволят вам защитить себя от боли во время разрыва. Поэтому, если Ваши отношения с Раком подошли к концу, ожидайте, что

Вы получите подробный список правил. Рак может быть идеалистом, и этот водный знак, безусловно, стремится получить свою расшифровку романтических отношений. Однако с каждым знаком зодиака он взаимодействует по-разному.

Рак и Овен — это непростые отношения. Амбициозность Овна расходится с глубокой нежностью Рака. В результате Овен может чувствовать себя утопающим в потребностях Рака, а Рак - покинутым позитивистской натурой Овна.

Рака также беспокоят прямые конфликты, и он, подобно своему астрологическому символу - крабу, предпочитает уклоняться от сложных ситуаций, а не встречать конфликт лицом к лицу, что наиболее характерно для Овна. Овну не очень нравятся эти пассивные тенденции, поэтому такие отношения иногда могут быть сложными. Создавая пару с Овном, Рак должен принять более прямой взгляд на разрешение конфликтов.
Овен оценит свое самообладание, и это рассуждение позволит обоим знакам создать нерушимый союз. Если они научатся уважать друг друга, то могут рассчитывать на длительные отношения, основанные на любви и поддержке.

Рак и Телец оба романтичны и умеют оказывать себе необходимую эмоциональную поддержку. Хотя они склонны к собственничеству, Телец привносит в чувствительного Рака надежность и верность, а нежный стиль соблазнения Рака привлекает его. Трения возникают только тогда, когда оба начинают упрекать друг друга. Если Рак будет усердно перемалывать свои клещи, Телец начнет копить обиду, которая в итоге выльется в титаническую корриду. Благоприятно, что избежать напряженности можно, если они будут искренне общаться и ценить дары друг друга.

Отношения **Рака и Близнецов** очень интересны. Чувствительному и водному Раку необходимо много ласки со стороны партнера, чтобы чувствовать себя в безопасности и любимым. Поначалу вы будете сомневаться в том, что спонтанный Женечка, которому так нравится свобода в реализации своих разнообразных интересов, сможет вписаться в эту пару. Однако, будучи знаком метательного воздуха, он также очень гибок. Если Рак четко обозначит свои требования, Близнецы постараются их выполнить. Близнецы также могут быть довольно равнодушными и одинокими, в то время как Рак — это водный поток эмоций, но если Близнецы готовы сопереживать Раку, то это могут быть эффективные и довольно увлекательные отношения.

Отношения **Рака и Рака** могут быть длительными. Когда два ракообразных соединяются, это любовный роман. Чувствительные и инстинктивные знают, как оказать эмоциональную поддержку, к которой стремится другой. Оба они домовиты и с удовольствием проводят время вместе, греясь в постели, или в кресле, или создавая уютную атмосферу в общем для них месте. Однако трудности могут возникнуть, когда они чувствуют себя очень комфортно. Если эти любители океана не будут забывать подбадривать друг друга и откроют свой жесткий панцирь, чтобы полностью доверять друг другу, то это могут быть бессмертные отношения.

Рак и Лев - не совсем простая пара, но это не значит, что она маловероятна, поскольку, как ни странно, у Рака и Льва действительно много общего. И Рак, и Лев по-своему требуют любви, благодарности и признания.

В то время как драматичный Лев ищет комплиментов и преданности, чувствительный Рак хочет быть нужным и понятым. Рецепт конфликта между этими знаками очевиден. Драматичность Льва, жаждущего аплодисментов окружения, в сочетании с домашним уютом Рака приводит к тому, что последний чувствует себя недостаточно любимым, что заставляет Льва воспринимать сухость Рака как нечто личное, и здесь они начинают ссориться. Однако если и Рак, и Лев управляют своими чувствами, то избежать такого рода конфликтов несложно.

Открытый диалог и много нежности будут способствовать укреплению этих романтических отношений.

Рак и Дева, несмотря **на** очевидные различия между ними, поскольку Рак руководствуется эмоциями, а Дева - логикой, могут составить энергичную пару, хотя для этого их нужно немного обмануть. По мере того, как Рак и Дева узнают друг друга, в их отношениях происходит много спотыканий, они часто то продвигаются вперед, то отстают. Однако, как только возникает доверие, эта пара становится по-настоящему глубокой. И хотя поначалу ни один из них не тянет говорить о своих чувствах, при равном отношении они могут обрести уверенность во взаимном уважении и уверенности в себе.

Рак и Весы: в начале ухаживания замкнутость Рака смущает Весы, которые неустанно пытаются произвести впечатление на угрюмого ракообразного. Вместо этого общение и флирт Весов вызывают у Рака подозрения в его намерениях. И Рак, и Весы с сарказмом боятся, что другой знак будет им противоречить. Однако если Рак примет особенности Весов, а Весы поймут нежность Рака, то отношения между ними станут гармоничными.

Рак и Скорпион относятся к стихии воды, здесь отношения пакостные. Рак - очень чувствительное существо, поэтому ему необходимо установить знакомство и лояльность, прежде чем раскрывать свои слабые стороны. Поэтому единомышленник Скорпион - прекрасный партнер для нежного ракообразного. Эта связь основана на глубокой интуиции и экстрасенсорных способностях, поэтому Рак и Скорпион часто могут общаться с помощью не оральных форм выражения. Рак и Скорпион могут быть очень импульсивными, оба несут в себе много эмоций, но они умеют помогать друг другу, освещая путь в самые трудные моменты. В конечном счете оба стремятся к одному и тому же: к близости.
Скорпион очень собственник, поэтому Рак должен уметь приспосабливаться, неоднократно демонстрируя свою любовь. Рак и Скорпион любят хорошую жизнь. Имеют величественный дом, украшенный предметами роскоши.

Рак и Стрелец - отношения сложные, но не невозможные поначалу каждого из этих двух очень разных энергий могут привлекать отличия другого. Стрелец быстро говорит и чувствует себя подкрепленным духом Рака, а Рак околдован непринужденной деликатностью оптимистичного Стрельца. Потребность Стрельца в приключениях плохо сочетается с домашними желаниями Рака. В паре с представителями этих знаков Раку следует помнить, что дом — это не территория, а состояние души. Точно так же и Стрельцу придется понять, что стабильность не означает темницу. Если они готовы немного изменить свои оценки, то на эти отношения можно возлагать много надежд.

Рак и Козерог, хотя и являются астрологическими противоположностями, имеют схожие ценности: оба очень заботятся о своей семье и друзьях, а также о построении устойчивого будущего. Несмотря на кажущуюся меньшую эмоциональность Рака, Козерог-работник глубоко ценит Раковскую чувствительность. С другой стороны, интуиция Рака может привнести столь необходимую духовность в практичность Козерога. Отношения Рака и Козерога идеальны, поскольку оба знака любят вить гнездышко и создавать безопасное пространство. Однако, поскольку оба они боятся перемен, Рак и Козерог должны приложить немало усилий, чтобы их отношения не застопорились. В конце концов, им не обязательно каждый вечер недели лежать у костра. Вполне нормально время от времени развлекаться вне дома.

Рак и Водолей, хотя эти отношения поначалу кажутся странными (Рак довольно традиционен, а Водолей чрезвычайно прогрессивен), на самом деле оба знака - новаторы, обладающие блестящими идеями о том, как творчески и плодотворно жить в этом мире. Однако их взгляды на мир совершенно различны. Мнения Рака всегда отражают его непосредственную реальность, в то время как Водолей теоретизирует на высоте 30 000 футов. В результате в паре Рак-Водолей могут возникать некоторые разногласия.

Они должны стремиться к тому, чтобы потребности каждого были учтены.

Рак и Рыбы — это отношения, в которых рак наконец-то может найти своего страстного партнера. Если что и объединяет рыб и крабов, так это то, что они оба отводят любви самое важное место в своей жизни.   Они оба считают, что любовь — это движущая сила и что она дает нам силы для жизни. Сила страсти, которую эти двое испытывают к своим партнерам, заставляет их резаться и падать в объятия друг друга.

Единственная сложность заключается в том, что Рыбы всегда ходят по облакам и не обращают внимания на будущее, что для Рака принципиально. Если Рак не видит, что его планы материализуются, он решает разорвать отношения.
Но в целом они обладают схожими чувствами, что сделает их парой, которой можно позавидовать. Эти двое любят делиться сокровенным, а теплота отношений Рака и Рыб говорит о том, что это преданные отношения, в которых будет легко прийти к консенсусу.

Лео

Символизируемый львом, этот знак не даст вам забыть о нем. Хотя характер у него веселый, ему присуща и свирепая грубость, сопровождающая его вой. Все, что делает Лев, трагично, и когда он сердится, лучше уйти с его дороги. Это фиксированный знак, очень твердый в своих идеях, постоянный в своих целях и упрямый в своем образе действий.

Лев - старательный исполнитель, вкладывающий душу в любые отношения. Конечно, он может быть и невероятно бескомпромиссным, но упрямство всегда является отблеском его честности. Льва вдохновляет драматизм, но он также глубоко чувствителен, Лев, несомненно, самый эмоциональный из всех огненных знаков, и его легко ранить, поэтому его партнер должен уметь заботиться об этом нежном экземпляре.

Для Льва очень важна верность, поэтому, когда вы входите в его сферу, он будет требовать абсолютной любви. Когда этот знак чувствует себя обиженным, лучше не давать советов, Лев ищет облегчения, а не напоминания, и поэтому будет чувствовать себя преданным своим партнером, если начнет высказывать тор мнение по какой-либо ситуации.

Лев доведет вас до края, потому что он любит, когда ему бросают вызов, еще в детстве он знает, что он зодиакальная королевская особа, и даже у самого благоразумного льва будет царственная осанка.

Этот знак не устает получать аплодисменты. Пышные приемы, эксклюзивные вечеринки и дизайнерская одежда вызывают у Вас желание быть любимым. Присматриваясь, имейте в виду, что следовать рифме не так-то просто. Иногда бывает трудно выйти на столь строгий знак. Но в итоге это того стоит. Забронировав однажды свое место в сердце Льва, вы точно не захотите уступать трон. Льва не волнует, что у его партнера есть эго, наоборот, Лев хочет, чтобы его партнерша была тщеславной и очень уверенной в себе. Лев не ищет эгоиста, но это бесстрашное существо должно быть уверено, что его партнерша носит корону с достоинством.

Лев ценит концепцию пары как продолжение себя. Поскольку этот огненный знак известен своей смелостью во всем - от творческих начинаний до романов в голливудском стиле, - важно, чтобы вам попался человек, который дословно знает, что вы ищете. Что касается сексуальности, то огненный Лев может блистать и в постели. Самое большое сексуальное возбуждение для Льва - чувствовать себя желанным. Его околдовывает соблазн, а привязанность должна проявляться в показных цитатах и романтических выражениях. Этот знак воет от одной мысли о том, что он желанен, особенно если это желание перерастает в страстную любовь.

Этот огненный лев постоянно влюбляется, он любит, чтобы его романы были такими же масштабными, как и его личность, и ничто не заставляет его кричать громче, чем бесстыдное обожание. Ему необходимо быть в центре внимания, и поэтому он может соблазниться опасными романами.

Льву нелегко противостоять похвале, поэтому он тяготеет к поздравлениям. Если же драма заканчивается преждевременно и Лев оказывается брошенным, то это уже другая история. Вначале его реакция обычно шокирована, а после этой фазы он испытывает разрушительную тревогу, демонстрируя свои страдания.

Даже если все становится серьезным, Лев - неуязвимое существо, которое найдет дорогу к свету, потому что Лев жизнерадостен и бесстрашен, не желая мириться с неудачей. Лев всегда ищет партнера, который стимулирует его дух, потому что, в конце концов, он ненавидит скуку.

Лев и Овен — это отношения чистого огня, в которых нелегко сдержать пламя. Эти знаки питают друг друга, создавая восторженную связь, основанную на желании и смелости. Овен с удовольствием воспринимает доминирующую харизму Льва. Овен, которому также необходимо много ласки, утешается благородством и теплотой своего товарища Льва. Хотя оба знака уверены в себе, их щедрость проявляется очень неравномерно. У Льва сердце всегда нараспашку, в то время как для Овна главное - выйти победителем. Хотя в отношениях эти знаки могут проявлять себя с лучшей стороны, им также необходимо держать свое эго в узде. В противном случае отношения между Львом и Овном могут со временем сойти на нет.

Лев и Телец - преданные и трудолюбивые личности, но их педантичность и упрямство иногда приводят к важным противостояниям. Тельцу не нравится пышность Льва, а Лев раздражается на упрямство Быка. В паре Льву и Тельцу следует проверить, не являются ли их мотивы чрезмерно материалистичными, а также занять скорее индифферентную позицию, чем одобрить равноправные отношения. В конце концов, у Льва и Тельца много общего, они оба любят все хорошее в жизни. Поэтому, если они сосредоточатся на своих сходствах, а не на различиях, их ждут увлекательные отношения.

Лев и Близнецы — это отношения, которые в самом начале сексуальны и дерзки. Льву необходимо чувствовать себя королем, а Близнецы каким-то образом всегда имеют связи с самыми важными местами в городе. Однако в конце концов Лев хочет связать себя узами брака с верным спутником. К сожалению, Близнецы могут не справиться с этой ролью, так как хотят продолжать веселиться. В этих отношениях оба должны научиться приспосабливаться к потребностям другого. Лев должен полагаться на вечное радушие Близнецов, а Близнецы - на эмоциональную верность Льва. Когда эти два знака приходят к согласию, пара получается эффективной, резвой и очень веселой.

Лев и Рак - отношения не самые комфортные. Льва угнетает плохое настроение Рака, а Рака беспокоит излишняя драматичность Льва. Если эти двое намерены наладить отношения, им необходимо объединиться вокруг общих ценностей, таких как верность, семья и честность. Лев и Рак также способны возвысить друг друга, помочь друг другу раскрыть свой потенциал через дружбу. Чтобы не было конфликтов, эта пара должна прийти к соглашению и соблюдать его условия.

Лев и Лев - самая величественная пара в Зодиаке. Лев любит праздновать свою яркость, поэтому, когда два льва встречаются вместе, они большую часть своих отношений проводят, говоря о своей любви. От такого сочетания остается осадок, которому суждено быть полным улыбок, благородства и много идолопоклонства. Но ни одно царствование не бывает идеальным, а поскольку Лев обладает довольно завышенным самомнением, он ожидает противостояния. Будь то борьба за место в центре внимания, телефон или лесть, их взаимная потребность в похвале может напрягать отношения. Однако Лев умеет успокаиваться, поэтому для того, чтобы эти отношения работали, каждый из них должен часто ласкать волосы другого и выделять время для страсти.

Лев и Дева несмотря на то, что в принципе они представляют собой маловероятную пару, пылкий Лев и идеалистичная Дева могут черпать друг в друге положительные качества. Каждый знак должен понимать, что эти отношения потребуют от него много понимания, терпимости, а главное - честности и верности. Поначалу Дева восхищается эксцентричностью и социальной тонкостью Льва. Лев испытывает удовлетворение от такого идолопоклонства, пока яркость не начинает рассеиваться. Дева имеет привычку идеализировать, но поскольку ничто не бывает абсолютно совершенным, этот земной знак может быстро разочароваться. Чтобы эта пара сложилась, каждому знаку важно убедиться, что отношения завязываются по правильной причине, следя за тем, чтобы их не продвигало эго.

Лев и Весы — это эффективные отношения, когда они вместе, щедрый Лев и утонченные Весы привносят в отношения свои лучшие качества. Вместе они чрезвычайно общительны и несравненно веселы - эти качества стабилизируются даром Весов. Однако, поскольку Весы любят сохранять мир, они склонны быть довольно нерешительными. Лев требует от Весов мужественной верности, поэтому беспокойство Весов может их расстраивать. Весы могут чувствовать себя немного подавленными из-за собственничества Льва. Однако если им удастся примирить свои разногласия, то Лев и Весы будут чувствовать себя прекрасно.

Лев и Скорпион, хотя энергия огня иногда может чувствовать себя ограниченной водой, эти отношения представляют собой мощную комбинацию. Оба они - фиксированные знаки, имеют твердые убеждения и твердые взгляды. Как следствие, между этими двумя знаками существует очевидное напряжение, которое может привести к некоторым спорам и, что, пожалуй, самое главное, к первоклассному сексу. Льва особенно соблазняет загадочная натура Скорпиона, а Скорпиона стимулирует Лев. Однако этим двоим необходимо дать себе время для установления интимных отношений. Поскольку у Льва и Скорпиона столь разные способы восприятия мира, каждому из них необходимо научиться воспринимать нюансы другого. Когда доверие будет установлено, ни Лев, ни Скорпион не захотят останавливаться.

Лев и Стрелец — это эффективные отношения. Лев обладает жгучим пламенем, но сдерживается, поэтому ему нужна аудитория. Стрелец же, напротив, не знает границ. Поэтому Лев обычно склоняется к этому знаку, который им восхищается. Стрелец также ценит блеск Льва, хотя в этих отношениях он всегда подчеркивает свою свободу. Пара Лев-Стрелец может часами болтать, смеяться, завораживать друг друга динамичными историями и остроумными разговорами.

Лев и Козерог - разные существа, серьезность Козерога нацелена на долгосрочную выгоду, в то время как Львом движет слава и удача. Однако, как ни странно, Лев и Козерог образуют прекрасную романтическую пару. Оба знака очень ненасытны, поэтому, несмотря на то что их методы различны, они почитают друг друга, и возникающие дискуссии будут носить косвенный характер. Работая вместе, Лев и Козерог могут достичь величия. Козерог учит Льва способности к абстрагированию, а Лев учит Козерога искусству веселиться. Если они будут полностью вкладываться в свои отношения, то получат большие преимущества.

Лев и Водолей, являясь противоположными знаками, представляют собой интересную пару. Если Лев символизирует правителя, то Водолей - человечество. В паре они могут создавать систему сдержек и противовесов друг для друга, руководствуясь справедливостью и прогрессивным мышлением. Эти отношения существуют в прекрасном и изобильном мире, но иногда Водолей видит в Льве эгоиста.
В этих отношениях оба должны стремиться понять точку зрения друг друга. Для этого Лев должен сдерживать свое эго, а Водолей - воспитывать в себе сострадание. Эти отношения обладают невероятным потенциалом, поэтому здоровое взаимодействие обязательно принесет свои плоды.

Лев и Рыбы — это прекрасные отношения. Лев чувствует себя наиболее счастливым, когда может свободно излучать свой тропический и лучистый свет. Рыбы связаны с морем, и подобно тому, как океан отражает свет Солнца вдали, Рыбы с радостью принимают и даже усиливают яркое сияние Льва. Хотя эти отношения могут быть эффективными и соблазнительными, важно, чтобы величественный лев не позволил поглотить себя чрезвычайно чувствительной Рыбой. Для того чтобы эти отношения были счастливыми, они должны принять самые сильные качества друг друга, приветствуя их различия с доброй признательностью и искренним уважением.

Дева

Дева - земной знак, олицетворяемый богиней земледелия. Дева опытна и методична, обстоятельна, стремится к самосовершенствованию, что делает ее одной из лучших пар в Зодиаке. Дева - ученый, а вдохновляющие слова и идеи являются афродизиаками для этого земного знака.

Дева, как правило, очень любит читать, увлекается кино и музыкой. Как мотобольный знак, он обладает широким кругозором, что часто проявляется в его изысканном вкусе. Дева ценит искусство, относящееся ко многим категориям, и любит быть в курсе новых авторов. В сердечных делах Дева опирается на логику и организованность, и этот капризный знак ищет партнера, который соответствовал бы его повседневной жизни.

Дева использует базу данных для создания полного представления о своем партнере, всех людях в его жизни и его привычках, накапливает в мысленной записи, со своими привычками и антипатиями. Дева любит помогать благодаря своей поддержке и практичности, и этот земной знак всегда настойчиво предлагает жизнеспособные решения конфликтов.

Стремление к совершенству Дева может разгрузить на окружающих, и его анализ превращается из рефлексивного и тонкого в чрезмерно критический. Для поддержания здоровых отношений Дева не должен судить и должен дать возможность близким людям пройтись по своим делам.

Деве следует помнить, что постоянное стремление к совершенству может стать разрушительным.

В вопросах сексуальности этот знак обладает свежей энергией, но он наивен. Его сексуальность, управляемая Меркурием, носит пытливый характер; он зацикливается практически на всех аспектах секса, в том числе и на телосложении своего партнера. В недостатках всегда есть своя красота, поэтому Деве важно понимать, что недостаток может быть не недостатком, а пользой.

Этот интеллектуальный знак очень возбуждает юмор, и разговор получается интеллектуальным. Теоретически Дева должна быть романтиком или автором невероятных романов, но если ваша возлюбленная-Дева не Николас Спаркс или Корин Тел ладо, то она, скорее всего, проявит это в сокращенном виде. Не удивляйтесь, если ваша Дева-любовница будет довольно замкнутой в спальне, по крайней мере, поначалу.

Дева - человек рутины, и пока ему не удастся наладить диалог, он будет любителем-зрителем, который будет очень внимателен к тому, что происходит в постели. Это не означает, что он не развратен, на самом деле Дева любит быть страстным в спальне, В безопасной обстановке Дева захочет практиковать регулярный секс, который позволит ему прощупать все свои наклонности. Но не стоит пробовать что-то неожиданное, резкая смена движений или ролей дезориентирует вас.

Дева любит быть полезной и использовать свои навыки при любой возможности, поэтому она склонна быть "губкой" для чужих проблем. Лучший способ борьбы с этим - поддерживать отношения. Несмотря на страстность партнера-Девы, не делайте ее сторожем всех ваших неудач. Если Вы будете сваливать на

Деву весь свой стресс, то почувствуете себя подавленным. Лучше обратитесь за помощью к друзьям.

Чтобы иметь прочные отношения с Девой, важно знать, что она будет надежной, но и рассчитывать на вас, особенно когда вы совершаете ошибки. Не вздумайте критиковать Деву, это может показаться ироничным, но Дева терпеть не может, когда к его поведению обращаются с замечаниями.   Это даст ему возможность обратиться к Вам за помощью, укрепив отношения. Поскольку Дева стремится достичь невозможного идеала в любви, то, когда утопия совершенства рассеется, Дева полностью откажется от отношений, не поставив об этом в известность своего партнера.

Он не притворяется неприличным, строго ненавидит разочаровывать людей, а потому захочет уйти из отношений, не устраивая сложного разговора. Другими словами, Дева любит исчезать, не оставляя следов. Если вам удастся связаться с партнером-Девой до того, как она протянет другие руки, она оправдается и постарается снять напряжение, взяв всю ношу на себя.   Когда разрыв происходит неожиданно, ему трудно отпустить ситуацию, он будет мысленно продуцировать каждую деталь отношений по очереди, пытаясь обнаружить ключевой момент, когда все повернулось на 180 градусов.

Дева не всегда бывает черной или белой, на самом деле это очень сложное существо, и, если она находит достаточно информации, чтобы сделать вывод о несовершенстве текущих отношений, она готова искать удовлетворяющие ее отношения в другом месте.

Дева и Овен - ценные отношения. Овны любят давать обещания, но иногда их не выполняют. В этой паре аналитическая Дева будет следить за тем, чтобы Овен не поверил в ее мнительность. Овен же будет удивляться неуверенности Девы в себе. В этих отношениях Овен должен отвечать за свои поступки, что может привести к тому, что эго Девы раздуется, когда она обнаружит трещины в методах Овна.   Дева и Овен должны признать спорадическое недопонимание и истерику Овна. Если Дева постарается научиться терпеть слепоту Овна, а Овен сможет поработать над освобождением своей гордости, то эта связь может стать прочной.

Дева и Телец, если они согласны, то отношения возможны. Управляемая Меркурием, Дева постоянно обрабатывает детали многочисленных сведений, которые собирает ежедневно, и предпочитает выражать себя через организованное общение. Этот прагматичный знак чувствует себя очень акклиматизированным в паре с чувственным и материальным Тельцом, который ценит методичный взгляд и внимание к деталям Девы. Есть и некоторые специфические различия между этими двумя знаками. Чувственные наклонности Тельца могут раздражать Деву, что, в свою очередь, может вызвать у Тельца чувство неуравновешенности. При благоприятном стечении обстоятельств эти два знака могут преодолевать препятствия.

Дева и Близнецы - несмотря на то, что эта пара на первый взгляд кажется несочетаемой, у замкнутой Девы и общительных Близнецов есть много общего. И Девой, и Близнецами управляет Меркурий, планета общения, поэтому эти два знака глубоко погружены в искусство получения информации. Близнецы любят сотрудничать, а проницательная Дева - тонкий наблюдатель, который любит обрабатывать информацию. Хотя характерная для Близнецов галантность и раздражает Деву, их романтические переживания легко снять честным и прямым диалогом. Если Близнецы будут уважать потребности Девы, то эти отношения могут быть прекрасными.

Отношения **Девы и Рака** могут быть взаимодополняющими. В частности, и Дева, и Рак склонны слишком много рассуждать. Дева беспокоится по пустякам, превращая любой контекст в наихудшую обстановку. Рак же обращает внимание на неуловимые изменения в энергетике, замечая даже малейшие изменения в языке тела или тоне речи. Дева и Рак иногда подпитывают свою тревогу, вызывая еще больший страх и манию. Однако, поскольку они по-разному перерабатывают стресс, эти отношения открывают возможность для исцеления. Поскольку они внимательны и поддерживают друг друга, образуя пару, они питают друг друга.

Дева и Лев — это благоприятные отношения. Дева расстраивает Льва, этот огненный знак не понимает, почему Дева так не любит рисковать. С другой стороны, Дева знает, что жизнь гораздо сложнее, чем просто отвлечься, все требует времени и терпения. Из-за этого несоответствия не всегда легко ориентироваться в отношениях Девы и Льва. Однако если каждый из знаков будет смотреть на отношения с открытым сердцем, они смогут создать вдохновляющую любовь.

Дева и Дева — это захватывающие отношения. Одной из наиболее значимых особенностей Девы является ее требовательность к себе. Дева любит помогать, причем ощутимо, однако в паре с другой Девой это качество несколько извращается. В романтических отношениях две Девы будут неустанно пытаться исправить друг друга, каждая из них будет тяготиться мыслью о превосходстве своей методики. Дева ненавидит конфликты, и это напряжение может становиться все более агрессивным, что приведет к многочисленным недоброжелательным замечаниям. Отношения двух Дев возможны, если им удастся изучить свои индивидуальные сильные стороны, они смогут помогать друг другу в различных ситуациях. Если руководствоваться любовью, а не критикой, то они могут построить нежные отношения.

У **Девы и Весов** разные критерии совершенства, и оба они - большие идеалисты. Дева хочет, чтобы жизнь была систематизирована, а Весы стремятся к гармонии. Когда они собираются вместе, то могут объединить свои индивидуальные способности, построив отношения, которые являются парадигмой товарищества. Однако, хотя и Дева, и Весы стремятся к целостным отношениям, они должны научиться принимать тот факт, что ни одни отношения не свободны от недостатков. На самом деле, здоровый конфликт может способствовать развитию отношений, то есть трения могут двигать их вперед. Приняв свои недостатки, они смогут построить устойчивый союз.

Дева и Скорпион - прекрасная пара. Ни один знак зодиака не связан с сексом больше, чем Скорпион, и этот водный знак известен своим эротическим электричеством. Дева, напротив, имеет противоположную репутацию, поскольку ее символ связан с мифологическим архетипом, который часто воспринимается как безупречный. Дева обожает секс, поэтому между Девой и Скорпионом существует заметная химия. Дева в восторге от чувственности Скорпиона, а тот, в свою очередь, от предполагаемой привлекательности Девы. Оба автоматически знают, как удовлетворить похотливые желания друг друга. Однако за пределами спальни эта пара должна стремиться к сохранению своих отношений.

Дева и Стрелец - самые веселые знаки Зодиака. Юмор Девы основан на тональности, а энергия Стрельца создает легенды. Когда они составляют пару, то образуют праздничный дуэт. Но помимо отдыха Стрельца, эта пара должна стремиться к здоровым отношениям. Когда основательность Девы переходит в паршивость, она может стать суетливой, что смущает богемного Стрельца, который считает, что мелкие детали менее важны, чем общая картина. Чтобы эти отношения сложились, Стрелец должен испытывать жалость к раздражению Девы, а Дева должна быть готова принять бурные наклонности Стрельца. Если они смогут сделать это вместе, то их отношения будут очень интересными.

Дева и Козерог - рукотворная пара, оба - земные знаки, расчетливые, предприимчивые и рассудительные. Однако, поскольку эти отношения столь благоразумны, обоим членам пары придется быть начеку, чтобы избежать излишней методичности. Козерог-начальник может начать относиться к

Деве как к рабу, что может вызвать у Девы чувство обиды. Этой паре следует наполнить свои отношения энергией за счет спонтанных интрижек. До тех пор, пока отношения не станут слишком приятными, эти отношения рассчитаны на длительное существование.

Дева и Водолей глубоко разбираются в реальности. Эти методичные знаки восхищаются исследовательскими методами, нюансируют свое окружение тонкими размышлениями и старательно излагают точки зрения. Однако, несмотря на взаимную любовь к исследованиям, поведение Дев и Водолеев различно. Дева конкретна, прагматична, обращает пристальное внимание на ощутимые нюансы и детали. Водолей же, напротив, мыслит на общем уровне, поэтому между этими знаками будет существовать определенное напряжение. Но если они смогут объединить свои грани, то сформируют глобальное видение мира, и как пара они обладают невероятным потенциалом.

Дева и Рыбы - противоположные знаки, которые любят быть полезными по-разному. Дева помогает прагматично, а Рыбы - более абстрактно. Дева и Рыбы - благочестивые люди, которые общаются друг с другом на эмпатическом уровне.

Рассудительный ум Девы также помогает непостоянным Рыбам добиваться своих целей, а творческая острота Рыб побуждает Деву к поиску художественных форм самовыражения личности. Каждому знаку важно сохранить свою самобытность, и эти отношения позволят раскрыть лучшие качества каждого знака и создать лучезарный союз.

Весы

Весы неравнодушны к гармонии и стремятся к равновесию во всех сферах своей жизни. Будучи воздушным знаком, он сохраняет необходимую беспристрастность, чтобы всегда быть справедливым благодаря своей душевной глубине, что делает его самым социально выразительным знаком Зодиака. Соблазнительные и популярные среди своих друзей, Весы прекрасно развиваются в повседневной жизни и являются законными красавцами Зодиака. Венера, планета любви, красоты и денег, управляет Тельцом и Весами, но аналогия Весов с Венерой отличается от аналогии Тельца.

Для Весов его романтический темперамент либо полностью интеллектуальный, то есть он обожает искусство и интеллектуальность. Этот выдающийся знак можно встретить дегустирующим вина или восхваляющим произведения современного искусства.

Весам необходимо, чтобы их окружали предметы, свидетельствующие о его далеко идущих интересах, поэтому он прекрасный художник. Никогда не истолковывайте предпочтения Весов как свидетельство их пренебрежения к тому, что лежит под поверхностью. Весы заботятся о справедливости и борются за интересы других, поэтому они справедливы, а значит, возьмут на себя роль арбитра. мудрого и справедливого, когда этого требует ситуация.

Весы никогда не будут доминировать и показное отстаивать свои моральные принципы, этот деликатный знак способен решать проблемы без напряжения. Весы символизируют нас самих, отношения важны для Весов, которые находят баланс в отношениях, по этой причине Весы должны быть осторожны и не искать внимания вне условий, согласованных с партнером. Весы хотят, чтобы все были довольны, и могут поддаться искушению выйти за рамки флирта. Ради того, чтобы быть принятыми, Весы не удержатся ни от чего, даже если это означает подвергнуть риску их нынешние отношения.

Будучи кардинальным знаком, Весы отлично подходят для создания новых идей и видят все альтернативные варианты развития ситуации. Учитывая все перспективы, ему трудно принять решение, он затрудняется в выборе, так как постоянно балансирует на весах.

Этот воздушный знак мотивирован внешним видом, тщеславие может быть хрупким для Весов, и они могут стать чрезмерно сосредоточенными на партнере, который соответствует эстетически желаемому образцу. Наличие хорошего вкуса — это неплохо, к тому же ключевое слово Весов - деликатность, а угнетающее поведение, такое как отправка текстовых сообщений каждые 3 минуты, электронные письма в любое время суток или попытки завязать отношения слишком рано, беспокоит его.

Весы стремятся к элегантным и постепенно развивающимся отношениям, они с партнером должны шаг за шагом укреплять любовь и доверие, формируя связь, основанную на одновременном интересе к прекрасным вещам. Если Вы хотите завязать роман с Весами, подумайте о том, чтобы посетить открытие галереи или классическую оперу.

Весы любят влюбляться, им свойственно без раздумий пускаться в романтику, они послушны и деликатны и между вечерами этикета, походами в амфитеатры и спонтанными походами в кино, свидания с Весами могут казаться приключением или либретто романтического фильма. Этот соблазнительный воздушный знак умеет удивлять, но в этих преувеличенных маневрах галантности есть и немалая доля преднамеренности.

У Весов очень четкий подход к тому, чего он хочет, и им легко пытаться подстроить своего партнера под эти стремления, а не учитывать, что его собственные желания могут быть другими. Завязывая отношения с Весами, он будет знать, как проявить элегантность, и лучший способ понять, действительно ли Весы нацелены на отношения, — это не элементарные романтические жесты, а тонкие проявления привязанности.

Весы одержимы желанием быть покоренными, и, хотя физическая близость важна, этот знак нуждается в мысленных предисловиях, которые приводят к возбуждению в момент секса. Некоторые знаки могут быть стимулированы фантазиями о непосредственных сексуальных контактах, но аристократичные Весы считают такие страстные встречи слишком прозаичными.

У Весов аллергия на конфликты, поначалу такое миролюбивое поведение кажется идеальным, но на самом деле оно может стать самым большим препятствием для их партнеров, поскольку, чтобы не разочаровать их, он обычно прибегает к милосердной лжи и полуправде. Важно помнить, что цель Весов - не манипулирование, он просто не хочет, чтобы Вы на него сердились.

В свою очередь, Весы должны помнить, что в жизни мы не можем быть золотыми модниками и нравиться всем — это невозможный подвиг.

В отношениях необходимо быть честным, кроме того, здоровые конфликты дают возможность расти, учиться и устанавливать границы, когда это необходимо.

Приверженность основана на честном диалоге, и разногласия также не позволят Весам со временем впасть в апатию и обиду, что приведет к расстройству и разрыву отношений. Весам не чужды разрывы, этот знак счастлив, когда находится в паре, но неудивительно, что он постоянно вступает в отношения и выходит из них. В его восхитительном мире разрывов не будет. Весы всегда держат варианты открытыми, даже если вы состоите в серьезных отношениях.

Когда Весы расстаются со своим партнером, они делают это с любовью, так как всегда хотят держать дверь открытой, и, если они захотят расстаться с ним, она сделает все возможное, чтобы этого избежать. Весы очень заботятся о мнении, которое они вызывают у окружающих, и предпочитают сохранить признательность своего бывшего партнера, чтобы навсегда отвадить его от себя.

Весы настроены на романтику, но заботятся о своей репутации. Этот знак очень гибок и способен выражать чувства своих партнеров, поэтому он будет раздувать факелы огненных знаков, формировать волны с водными знаками, воздвигать горные хребты с земными и поддерживать эффективные вихри с воздушными знаками, а цель Весов - создать ровную, спокойную и гармоничную жизнь со своим партнером.

Весы и Овен образуют увлекательную пару. Овен популярен своей яростной самостоятельностью, поэтому, когда эти два знака соединяются, они создают авантюрный дуэт. Эти отношения символизируют поговорку "противоположности притягиваются": Весы проявляются через нас, а Овен - через меня. И хотя обоим знакам придется приспосабливаться к индивидуальному подходу друг друга, этот дуэт может образовать прекрасную и нерушимую коалицию.

Весы и Тельцы притягиваются мгновенно. Ими управляет Венера, и эти знаки очарованы романтикой. Однако у Тельца специфические отношения с любовью, он требует ощутимой привязанности.   Весы же, напротив, гораздо более интеллектуальны, для Весов совершенство связано с кокетством, с идеальной социальной деликатностью. И хотя им придется справляться с этим неравенством, спокойствие и хитрость Весов компенсируют раздражение Тельца, а бытовая экзальтация Тельца совершенствует эстетику Весов. Одним словом, Весы и Телец - потрясающая пара.

Весы и Близнецы - знаки-единомышленники, и когда они оказываются вместе, это настоящее столкновение умов. И бесшабашные Близнецы, и выдающиеся Весы не прочь развлечься интеллектуально, поэтому эта пара будет с удовольствием искать увлечения и взаимные выгоды. Близнецов будет стимулировать нежное прикосновение Весов, а Весам понравится предприимчивая энергия Близнецов. Хотя Весы и Близнецы образуют прекрасную пару, каждый из них должен расставить приоритеты в отношениях. Вы оба хотите нравиться друг другу, и, если вы не будете правильно общаться, это может привести к тому, что вы ошибетесь. Чтобы построить отношения, основанные на доверии и честности, вы должны находить время, чтобы побыть вместе, не нуждаясь во внешней оценке.

Весы и Рак - непростые отношения. Рак чрезвычайно защищен, в то время как Весы очень общительны. Весы, благодушно относящиеся к людям, могут стать неумеренно одержимыми своим популярным имиджем, что будет раздражать Рака, жаждущего защиты. Стремление Весов всегда угождать другим может угрожать чувству безопасности Рака. Однако эти отношения могут сложиться, поскольку Рак может научить Весы сосредоточить свой взгляд внутри себя, а Весы могут вытащить Рака из его жесткого состояния. Если оба сумеют рассудить, то эта пара будет способствовать невероятной эволюции.

Весы и Лев необычайно хорошо работают, Весы и Лев - хорошие друзья. Выдающиеся Весы относятся ко Льву, как к монарху, а Лев преклоняется перед светской мягкостью Весов. Эта пара любит посещать вечеринки и побуждает друг друга к душевным порывам. Оба любят угождать, однако Льва не интересует коллектив, он хочет, чтобы партнер почитал его превыше всего и всех. Весам, играющим роль космического посла, может не понравиться строгая монархия Льва. К счастью, восстание не обязательно, напряжение между Весами и Львом может быть снято искренним диалогом. Когда оба построят свое собственное царство в единстве, основанном на безопасности и верности, отношения могут стать сказочными.

Весы и Дева — это как заводская производственная линия. Функция Девы заключается в изучении контекста, а функция Весов - в его выравнивании. Эти роли взаимосвязаны, и поскольку Весы и Дева находятся рядом в зодиаке или, наоборот, знают, как работать вместе. Информация передается, опираясь на уникальные навыки друг друга. Весы вдохновляются скрупулезным взглядом Девы, а та влюбляется в тонкие прикосновения Весов, однако им трудно достичь своих индивидуальных целей. Дева расстраивает Весы, а надменность Весов заставляет Деву чувствовать себя покинутой. Благоприятно, что если Весы и Дева изменяют свое поведение и уделяют внимание отношениям, то они могут быть необычайно плодотворными.

Отношения **Весов и Весов** — это отношения, в которых проскакивают вспышки гармонии, когда они оказываются вместе. Эти отношения могут развиваться стремительно, проходя путь от нуля до сотни быстрее, чем космический корабль. Прежде чем вступать в отношения, они должны убедиться в том, что вкладывают деньги в союз, рассчитанный на длительное существование. Будучи посредником, Весы стараются любыми способами избежать проблем, и, хотя это может быть идеальным вариантом, на самом деле это формула катастрофы. Эта амбивалентность порождает обиду и множество смешанных чувств. Этим двум знакам необходимо научиться доносить свои обычаи и слушать друг друга в равной степени. Если дуэт Весов в квадрате научится говорить искренне, то это будет легким выравниванием.

Весы и Скорпион — это огненные отношения. Между притяжением Скорпиона к красоте Весов, а Весов к мистицизму Скорпиона, между этими знаками возникает мгновенная химия. Весы и Скорпион проведут много ночей в сексе, но помимо секса Весы потребуют от Скорпиона немного больше красок, а сила Скорпиона приведет его в ужас. Весы любят сохранять легкость и непринужденность в общении, а Скорпион чувствует себя ущемленным из-за свойственной Весам неуверенности. Если этой паре удастся уравнять свои интеллектуальные желания со страстями, они могут стать невероятной силой.

Весы и Стрелец - идеальное сочетание. Весам свойственна взаимность, а этот мыслящий воздушный знак больше интересуется концепцией справедливости, чем самими отношениями. Интересно, что Стрелец также ставит идею отношений выше реальности. И хотя эта пара не всегда идеальна, поскольку Весы ненавидят конфликты, а Стрелец любит размахивать флагами неудач, совместная энергия этих знаков заразительна. Весы с удовольствием присоединяются к Стрельцу в его странствиях, а Стрелец подпитывает тягу Весов через одновременный интерес к искусству. Когда эти два знака встречаются вместе, их отношения естественны и необычайно сексуальны.

Весы и Козерог - сложные отношения. Невозмутимый Козерог восхищается тем, что Весы ценят справедливость, и поощряет дальнейшую практику. Для Весов социальный мир важнее честности, поэтому пара может запутаться, когда Козерог настороженно относится к самодовольной натуре Весов, а Весы начинают находить точку зрения Козерога слишком консервативной. Для того чтобы пара работала, необходимо взаимно уважать свои различия и достаточно много отдавать, но когда вы решитесь на это, то сможете создать прочные отношения.

Весы и Водолей - воздушные знаки, и их волнуют социальные вопросы. Весы настаивают на том, чтобы нравиться всем, в то время как интересы Водолея больше ориентированы на политическую структуру. Стремление Водолея всегда было направлено на бунт против установленного порядка, и это пугало посредника-Весы. Со временем Весы принимают и понимают отстраненность Водолея, когда Водолей учится принимать невинность Весов и их стремление угодить всем, ему нравится свобода, которую дает ему этот темперамент. Когда у этой пары совпадают привычные ценности и интересы, отношения становятся энергичными, интеллектуальными и необыкновенно красивыми.

Весы и Рыбы - миротворцы, и свои отношения они строят на основе взаимного стремления к добру и справедливости. Вдохновленные искусством, они скрашивают свои выходные концертами, операми, посещениями музеев и ремесленных мастерских. Рыбы - последний знак Зодиака, они обладают знанием, которое иногда интенсивно проявляют в отношениях со своими партнерами. Эти глубины могут расстроить Весы, которые, будучи воздушным знаком, всегда стараются быть веселыми и жизнерадостными. Эти отношения дают каждому из них повод для борьбы, поскольку Весы показывают Рыбам, как поднять настроение, а Рыбы помогают Весам заглянуть в глубины своего подсознания.

Скорпион

Скорпион имеет дурную репутацию. Этот темный водный знак славится своим таинственным обаянием, неуемным честолюбием и характерной неуловимостью. Самый сложный знак Зодиака представлен скорпионом - предательским животным, обитающим во тьме.

Для Скорпиона жизнь — это шахматная партия, управляемая планетой Плутон, обладающей способностью к регенерации и превращению в свою лучшую и сильнейшую версию. Рост для Скорпиона элементарен, он использует метаморфозы как инструмент эмоционального и психического расширения. Подобно Плутону и соблазнительным силам оккультного мира, Скорпион потеет энергией. У Скорпиона нет проблем с поиском женихов, он известен своей невероятной чувственностью. Несмотря на свою похотливую репутацию, он ценит честность и конфиденциальность в отношениях.

Из-за своей невероятной свирепости и силы люди считают Скорпиона огненным знаком, однако он принадлежит к стихии воды, что символизирует то, что он черпает свою силу из подсознания, из эмоций.   Скорпион очень интуитивен и чувствителен, способен воспринимать энергетику любого дома и впитывать эмоции других людей.

Скорпион жесток, и, как и его астрологический символ, он наблюдает в темноте, ожидая удобного случая, чтобы напасть, когда этого меньше всего ожидают. Этот расчетчик водного знака всегда проецирует на несколько шагов вперед свой великий план. Это не означает, что его намерения обязательно коварны, просто он любит планировать на долгосрочную перспективу, а для этого концентрируется на своих целях и никогда не раскрывает карты, что и делает его столь загадочным.

Скорпион умеет использовать свою интуицию, чтобы манипулировать любой ситуацией и натравливать людей друг на друга. Скорпион всегда должен помнить, что если он позволит себе управлять своим желанием манипулировать и властвовать, то рискует воткнуть свое собственное жало. Ваше скрытное поведение может привести к потере отношений.

Этот знак умеет отдавать себя с максимальной отдачей, когда его личная интенсивность проявляется в общении с самыми близкими людьми, поскольку, несмотря на сомнительность и собственничество, он также очень защищает своих близких и готов защищать их, не задумываясь об этом.

Когда вам удается установить доверие и почувствовать себя в безопасности, Скорпион демонстрирует сочувствие и преданность.

Тот, кто элегантен, производит хорошее впечатление, а его чувства, как водного знака, очень остры, поэтому в области романтики его удобно баловать с большой страстью. Этот интенсивный водный знак ценит свою частную жизнь, поэтому ему нелегко впустить в свою личную жизнь незнакомца.

Если вы заинтересованы в завоевании Скорпиона, то процесс ухаживания будет очень длительным и насыщенным многочисленными испытаниями на эмоциональную прочность. Каждое движение, которое совершает этот знак, является намеренным, поэтому вам придется быть очень быстрым, чтобы следовать рифме.

Если вы успешно преодолеете этот процесс, Скорпион будет готов установить с вами связь на уровне души. В отличие от других знаков, когда Скорпион находится в отношениях, это не означает, что он чувствует себя в безопасности, его интенсивность вечна, поскольку его кардинальная цель - удержать своего партнера на всю жизнь.

Нет знака зодиака, более связанного с сексом, чем Скорпион, однако, несмотря на их склонность, физический акт близости для Скорпиона менее важен, чем связь.

Скорпиону очень трудно унять свой аппетит, поэтому его привлекают мрачные и таинственные переживания. Ему очень легко стать зависимым от отношений, и это может принять форму безумия, при котором Скорпион специально создает проблемы, чтобы испытать партнера, - такое поведение токсично и неблагоприятно. Скорпион должен помнить, что в серьезных отношениях люди имеют право на эмоциональную независимость и близость.

Главное, что следует помнить, вступая в отношения со Скорпионом, — это то, что Вы должны быть откровенны, спрашивать о его чувствах и не оспаривать никакого скрытого поведения. Скорпион будет ценить, что вы спрашиваете его о счетах, и чем больше вы будете вступать с ним в прямое общение, тем надежнее будут отношения.

К сожалению, разочарования неизбежны в жизни, и, хотя Скорпион славится своей способностью восставать из пепла, это не означает, что расставания даются ему легко, более того, этот знак с трудом расстается со своими партнерами. Неважно, является ли он инициатором разрыва, этот пронзительный знак всегда чувствует себя беспомощным после того, как это происходит.

Иногда окончание отношений высвобождает в Скорпионе его особое стремление к контролю, что иногда приводит его к мучениям и обязательствам перед бывшими партнерами, поэтому лучше пресекать их в зародыше.

Движимые своими страстями, Скорпионы являются целеустремленной парой, и, хотя некоторые знаки сопротивляются упорству Скорпионов, другие знаки вдохновляются их энергией.

Скорпион и Овен чувствуют невероятное физическое притяжение, как только видят друг друга. Однако неумение Овна хранить секреты беспокоит Скорпиона, который превыше всего ценит доверие и конфиденциальность. Овен же, в свою очередь, недоумевает, почему все приходится скрывать. Но, в конце концов, если эти два знака смогут уважать неадекватность друг друга, их отношения будут идеальными, и они будут наслаждаться завоеванием мира.

Скорпион и Телец, будучи противоположными знаками, дополняют друг друга. Скорпион — это чистая сексуальность. Поэтому в паре с Тельцом, самым чувственным знаком Зодиака, яростный сексуальный аппетит Скорпиона будет удовлетворен. Им придется преодолевать препятствия, оба они невероятно упрямы, но эта пара представляет собой поистине эротические отношения.

Скорпион и Близнецы образуют эксцентричную пару. Первобытные ценности Скорпиона разительно отличаются от легионеров Близнецов, которые к тому же неосмотрительны и общительны, любят менять свое мнение. Скорпион же, напротив, проницателен, рассудителен и тверд в своих суждениях. Эффектное жало Скорпиона способно пленить более крупных существ, но космический арахнид не сравнится с Близнецами. Для того чтобы эта пара работала, каждый знак должен принять отличия другого. Если Скорпион сможет освободиться от своей потребности все скрывать, а Близнецы будут готовы хотя бы раз позволить Скорпиону победить, то их отношения могут продлиться долго.

Скорпион-Рак течет, не напрягаясь. Рак принимает интенсивные эмоции Скорпиона, небесный краб выходит из своего панциря под воздействием Скорпиона, то есть проходит лишнюю милю. Рак осторожен в начале отношений, но со Скорпионом он уязвим с самого начала. В этих магических отношениях Скорпиону трудно переступить через себя, потому что его сила очень велика. Рак может иногда огорчаться из-за того, что Скорпион не может позволить руководить собой, но в итоге это одни из лучших отношений в зодиаке. Взяв на себя обязательства, они создают пару на всю жизнь.

Скорпион и Лев - самые подозрительные представители зодиака. Когда речь идет об этих двух знаках, всегда чувствуется энергия двух естественных соперников, выходящих на ринг. Лев не любит, когда его ставят в тупик, и ценит скрытые движения Скорпиона как намеренную хитрость. С другой стороны, Скорпион высмеивает неумение Льва скрывать свои мотивы. Однако если они создадут отношения, то их совместная энергия будет несокрушимой. Хотя это будет нелегко, такой союз мужественен и страстен.

Скорпион и Дева доминируют над ними, играя с их прототипами. Скорпион хочет привлечь, а Дева - пленить. Поэтому между ними существует завораживающее напряжение, перетягивание, которое может создать извращенную связь. Но эта связь - нечто большее, отношения основаны на искреннем восхищении. Деву вдохновляет жадность Скорпиона, а Скорпион ценит практичность Девы. Здесь периодически будет возникать конфликт, когда Скорпион будет чувствовать себя приговоренным и испытанным Девой.

Скорпион и Весы борются за власть, Скорпион намерен скорректировать взгляд Весов, а те хотят стать осью его вселенной. Весам нравится казаться невинными, а космические весы наслаждаются

 обманывая Скорпиона своими поверхностными заигрываниями. Когда эти два знака перестанут играть, то могут образовать потрясающую пару. Конечно, будут и столкновения, поскольку энергия воздуха и воды вместе создают ураганы, но трение не всегда является разрушающим фактором. В случае Скорпиона и Весов они, наоборот, могут генерировать тепло.

Отношения между **Скорпионом и Скорпионом** — это весело. Скорпион гордится тем, что он самый скользкий из всех знаков Зодиака. Поэтому, объединяясь с кем-то из своих, он стремится сохранить свою таинственную силу. Эти отношения подпитываются глубокими тайнами, страстью и потребностью в контроле, что может затруднить обоим поддержание связи. Однако если им удастся преодолеть первоначальные трения, то все может сложиться как нельзя лучше.

Скорпион и Стрелец - интригующие отношения. Скорпион интригует Стрельца, интересуется. Скорпион - не соперник для Стрельца, даже находясь под бесплотным знаком Скорпиона, авантюристу нужно гулять. Со временем и Скорпиону, и Стрельцу могут надоесть эти отношения, ведь Скорпиону нужна честность и немного тайны, а Стрельцу - независимость. Однако если они решат, что все получится, то у них сложатся интересные отношения.

Скорпион и Козерог - сложные отношения. Большинство знаков не выносят безжалостного честолюбия Козерога, но Скорпиона покоряет его движение. Более того, Скорпион будет притворяться, чтобы заставить Козерога влюбиться, демонстрируя собственную дерзость. Если речь идет о долгосрочных отношениях, то Козерог очень требователен, оба знака большую часть ухаживаний будут изучать резюме друг друга, пока в итоге у них не возникнут романтические и чрезвычайно сексуальные отношения. Эти отношения интенсивны, так как Скорпион и Козерог ожидают долгосрочных обязательств, и если они возьмут на себя обязательства, то смогут их достичь.

Скорпион и Водолей - знаки одной модальности. Эти знаки - две загадки, которые каждый пытается расшифровать. Точно так же Скорпион и Водолей объединяют друг друга и смакуют, снимая слои усложнения друг друга. Скорпиону, жаждущему власти, придется согласиться, если он сможет признать свободу Водолея, а тому, в свою очередь, придется гармонизировать неугомонность Скорпиона с контролем. Однако если вы как пара сможете найти общий язык, ваши отношения будут волшебными, загадочными и особенными.

Отношения **Скорпиона и Рыб** полны эмоций. Необыкновенные экстрасенсорные способности Рыб могут раздражать Скорпиона, который ориентирован в основном на равенство. Однако эмпатия Рыб успокаивает Скорпиона, и вместе они с удовольствием погружаются во внутренний мир друг друга. Пока Скорпион будет добр, а Рыбы будут учиться защищать себя, они с удовольствием будут вместе строить торжественное владычество под водой.

Стрелец

Стрелец - знак вечного разума и собирания знаний. В своих путешествиях в поисках острых ощущений он может пересекать моря и заглядывать во все тайники Вселенной.

Когда говорят о любви, каждый день и час для этого активного огненного знака становится приключением. Юпитер, планета изобилия, является управителем Стрельца, удача преследует этот знак повсюду, и, как астрологический кентавр, Стрелец желает умственного, философского или духовного развития и, конечно, много веселья.

Стрелец обладает способностью превратить любое, даже самое приземленное занятие в увлекательный подвиг. Буквально у всего есть своя история, а поскольку Стрелец - великолепный оратор, вы можете поделиться этими воспоминаниями со своими друзьями, близкими и посторонними людьми так, что они вдохновят и наполнят светом любое место. При этом он не только вызывает заразительный смех у слушателей.

Поскольку этот огненный знак привлекателен, он всегда окружен жаждущими зрителями, иными словами, этот знак - определенно знаменитый ребенок Зодиака. Как мотобольный знак, Стрелец также легко адаптируется, более того, у него есть укоренившееся стремление к постоянным переменам. Стрельцу нравится осваивать новые этические, идеологические и логические принципы, менять точки зрения и, пожалуй, самое главное - путешествовать по миру.

Зодиакальный пешеход обладает блуждающим характером и может стать капризным, если задержится на одном месте надолго, поэтому этому знаку очень важно иметь свободу для исследований. Не каждый способен устоять перед вечно взбалмошными заботами Стрельца, поэтому, когда дело доходит до страсти, этот огненный знак, как известно, покоряет сердца.

Стрелец — это еще и клоун зодиака, он постоянно рассказывает какую-нибудь историю или анекдот, поэтому каждый его разговор пропитан остротами и немалой искренностью. Хотя у них нет соперников, Стрельцу следует помнить об осторожности с его острым языком и сатирическими замечаниями. Иногда их энергия зашкаливает, выглядя самонадеянно и даже презрительно.

Мотобольные качества Стрельца делают его немного грубым, когда дело доходит до принятия решений, таких как установление обязательств в отношениях.   Имея так много возможностей, он страдает от выбора правильных отношений, поскольку любит держать свои варианты открытыми.

Чтобы не чувствовать себя омраченным, нужно быть честным с этим знаком, разговаривать с ним, подписываться, и все будет хорошо, потому что, если что и ценит Стрелец, так это искренность.

Для Стрельца с его неизменным духом авантюризма поход на свидание — это как полет на воздушном шаре или прыжок с парашюта в плохую погоду, потому что он любит жить на грани, где больше шансов открыть для себя что-то новое.

В отношениях со Стрельцом все становится опасным, так как вас могут подтолкнуть к рискованным связям. Привлечь внимание

Стрельца не так-то просто, ведь Кентавр не задерживается на одном месте достаточно долго, чтобы сохранить мотивацию. Поэтому, если Вы пытаетесь завоевать Стрельца, Вам придется держать этот динамичный знак на мушке, не бояться самых энергичных аспектов своей личности.

Стрельца тянет защищаться, следите за тем, чтобы сохранить комфортный стиль общения. Жизнерадостные и свободолюбивые, кентавры склонны к беззаботности и сексуальности, их физические отношения могут варьироваться от случайных до серьезных, а поскольку он - прирожденный археолог, секс для этого огненного знака - всегда событие.

Стрелец рассматривает интимную близость как повод для самопознания и интеллектуального отдыха, поэтому в сексе он склонен к серьезному поиску эмоций. Когда Стрелец решает взять на себя обязательства, ничего не меняется, приходится стараться поддерживать авантюрный образ жизни 24 часа в сутки 7 дней в неделю.

Серьезные отношения заключаются в разделении слабостей, создании метода поддержки и совместном решении проблем, но, если ваш маршрут не может устоять перед программой, предложенной Стрельцом, постарайтесь сделать каждый день событием.

 Подумайте о том, чтобы изучить альтернативные оздоровительные практики вместе со своим партнером-кентавром - ему понравится развивать свои духовные границы, находясь рядом с вами. Когда речь заходит о приключениях, Стрелец просто ищет веселого спутника жизни, он хочет быть с тем, кто бросит ему вызов и расширит его горизонты. Но никогда не забывайте, что даже в отношениях Стрелец не терпит ограничений, поэтому, если вы состоите в отношениях с этим знаком, будьте готовы к тому, что вам придется идти напролом. Вы не будете знать, что вас ждет, но это наверняка будет неумолимое путешествие.

Границы — это не плохо, более того, они создают прочную основу для отношений. Взаимодействуя со Стрельцом, постарайтесь с самого начала создать вещи, которые прояснят, что удобно и что не удобно делать в отношениях. Если вы хотите, чтобы ваш Стрелец присылал вам сообщения каждый вечер, то вы должны сказать ему об этом с самого начала, потому что в этом случае Стрельцу будет проще разобраться в отношениях, если правила будут ясны.
Стрелец всегда ищет новых эмоций, его свободу необходимо уважать, чтобы сохранить здоровые долгосрочные отношения, дайте ему понять, что Вы готовы участвовать в его занятиях, но позвольте ему самому принять решение и не заставляйте его чувствовать себя виноватым, если он решит сделать это сам.

Стрелец очень искренен, поэтому, когда вы начинаете расставание, условия просты, если вы говорите, что все кончено, то это действительно конец, с ним нет пути назад. Поскольку он богема, ему легко собрать вещи и уйти, если что-то не получается. На самом деле, Стрелец часто может двигаться вперед так, как будто отношений вообще не было.

Стрелец и Овен — это отношения, полные энергии. Стрелец обладает заразительной жизненной силой, он весел и любопытен. Почти никто не может идти по пути Стрельца, Овен же восхищается и вдохновляется этим активным знаком. Собственная энергия Овна совершенствуется под воздействием огня Стрельца, и в отношениях обоих побуждает к исследованию присущих им любопытств. Хотя эти отношения могут быть вечными, им следует быть осторожными. Эта пара - определенно топливозаправщик, поскольку оба знака могут быть чрезвычайно взрывоопасны. Каждый из них должен взять на себя обязательство давать другому достаточно места для отдыха после ссоры.

У **Стрельца и Тельца** совершенно противоположные потребности. Тельцу необходимо сохранять свою зону комфорта, без угроз для безопасности, в то время как Стрельцу нужны шок и чистота исследования. Телец связывает успех с вещами, в то время как Стрелец связывает свои достижения с приключениями. Телец кичится твердостью своих мыслей, а Стрелец ценит способность передумать. Хотя эти два знака существуют в совершенно разных параллельных вселенных, они способны объединиться в отношениях. Если они смогут найти способ оценить свои противоположные взгляды, то такие отношения обеспечат мощный баланс, вдохновляющий оба знака.

Стрелец и Близнецы - противоположные знаки. Не все противоположные знаки совместимы, но этот союз является одним из наиболее полных объединений, существующих в астрологии. Стрельцу важен общий ландшафт. Близнецов, напротив, привлекает то, что существует на более конкретном уровне. Этот воздушный знак исследует все мелкие детали, восполняя пробелы Стрельца. В сочетании эти два знака вдохновляют друг друга на то, что вызывает у них любопытство.

Стрелец и Рак — это непростые отношения, но, когда речь идет о сердечных вопросах, нет ничего невозможного. Когда их отношения находятся в лучшем состоянии, Стрелец будет с удовольствием делиться своими историями с Раком, который является прекрасным слушателем. Однако эти два знака существуют в разных пространствах. Раку необходим дом, чтобы чувствовать себя в безопасности, в то время как счастье Стрельца зависит от его независимости, позволяющей совершать паломничество.

 Честное общение всегда является ключевым в любви, если эти знаки смелые, то вы можете вместе двигаться вперед и делать это.

Стрелец и Лев - синонимы страсти и любви. Стрелец околдован драматичным Львом, а тот полностью сражен огненным Стрельцом. В отдельности эти знаки обладают двумя самыми сильными натурами Зодиака, поэтому, когда они достигают своего вихря, динамика получается восторженной, творческой и полной жизненной силы.

Проще говоря, это просто логично. Однако эти огненные знаки, столь совместимые, быстро поймут, что идеальных отношений не бывает. Эгоцентричный Лев нуждается в безопасности и честности надежного партнера, а Стрелец часто не может этого предложить. Ничего личного, просто никакие отношения не заменят Стрельцу свободы.

Льву, конечно, трудно с этим смириться, поэтому эта пара может часто ввязываться в конфликты.

Стрелец и Дева - одни из самых маловероятных пар для выживания. У Девы все расписано по билетам и организовано, а Стрелец ненавидит чувствовать себя заклейменным. Поскольку Стрелец постоянно гонится за своей стрелой, у него репутация ненадежного человека. У Девы, по логике вещей, будет много проблем, связанных с ее всегда неопределенным маршрутом, поэтому, взяв на себя обязательства, кентавр должен сделать невозможное и хорошо относиться к своей Деве. Дева — это тот, кто придумывает приключения, но, когда наступает подходящий случай, она проявляет любопытство. Дева трезво оценивает ситуацию и не позволяет тащить себя за собой своим желаниям. Стрелец - любит учиться. Для того чтобы оба получили максимальную отдачу от этих отношений, Дева должна перестать изучать все в деталях и жить моментом; а Стрелец должен быть очень терпелив. Если вы оба согласны, ваша сексуальная жизнь будет очень приятной.

В этих отношениях будет присутствовать напряжение, эта пара должна найти общее пространство через общие интересы и изучить возможность создать язык, который будет присущ только им.

Стрелец и Весы часто начинают как друзья, оба знака очень интеллектуальны, поэтому они общаются на ментальном уровне. Естественно, быстро развивается сексуальное влечение. Весами управляет Венера, а Стрельцом - Юпитер, эти две планеты известны как благотворные, поэтому такой союз чрезвычайно благожелателен. В отношениях этих двух знаков все прекрасно, даже драки.

Стрельца иногда разочаровывает соблазнительная натура Весов, а Весы могут легко расстроиться из-за того, что Стрелец настроен категорично. Но даже в худшем случае Стрелец и Весы действительно понимают друг друга. Если Весы будут выражать свои чувства от чистого сердца, а Стрелец сохранит терпение, то их романтический огонь или он сам будет продолжать интенсивно гореть до конца их жизни, даже после разлуки.

Весы более сентиментальны, чем Стрелец, но между ними существует большая сексуальная совместимость. Симпатичные Весы стремятся к удовлетворению и склонны рассматривать сексуальность как искусство. Оба должны создать подходящую обстановку для любви.

Стрелец и Скорпион сильно отличаются друг от друга, хотя оба являются страстными людьми. У Скорпиона страсть движима эмоциями, а у Стрельца - любопытством. Объединившись, эти страсти создают динамичную энергию, направленную на то, чтобы наслаждаться жизнью в полной мере. Секс может помочь им в этом, но для успеха отношений необходима предельная самоотдача. Скорпион и Стрелец могут иметь нечто особенное, но для этого им необходимо много работать.

Стрелец и Стрелец, когда они выстраиваются в ряд с луком, стрелами и скачут на лошадях, путешествуют далеко. Эта пара великолепна, вместе они путешествуют, учатся и, что, пожалуй, самое главное, весело проводят время. Ни один из вас не относится к жизни слишком серьезно, что может затруднить формирование длительных, преданных отношений. Поскольку ни один из кентавров не осмеливается ограничивать другого, паре Стрелец - Стрелец требуется много времени, чтобы стать официальной. Но на самом деле именно так этим стрельцам и нравится, и эта пара всегда будет больше привержена своим индивидуальным романам, чем паре.

Стрелец и Козерог, оказавшись вместе, с самого начала ощущают труднопреодолимое напряжение. Стрельцом управляет Юпитер, а Козерогом - Сатурн, две планеты, которые в астрологии считаются лидерами. Юпитер связан с размыванием границ, а Сатурн - с ограничением. Подобные отношения могут восприниматься как несоответствие. Однако благодаря рефлексивному обмену мнениями и взаимопониманию эти отношения, безусловно, могут быть успешными. Возможно, Стрелец не понимает, почему Козерог всегда так благоразумен, а Козерогу мешает жесткий оптимизм Стрельца. Как бы то ни было, эта связь основана на взаимном уважении, и если они доверяют друг другу и поддерживают друг друга, то эти отношения способны преодолеть любые проблемы.

Стрелец и Водолей обладают значительной химией. Оба знака независимы, и каждый ценит уникальный подход другого к жизни. Хотя Стрелец более гибок, чем Водолей, оба знака знают, что жизнь существует за пределами их собственной пограничной реальности. Стрелец и Водолей стремятся вместе нарушать правила и бросать вызов устоям. Уникальность и нонконформизм настолько сильны в этих отношениях, что им трудно сформировать свою идентичность как паре.

Стрелец и Рыбы - эти знаки являются максимальным выражением своей стихии в астрологии. Стрелец — это деревенский огонь, а Рыбы - морская пучина. Поскольку оба знака настолько экспансивны, ни один из них не может полностью поглотить другой. Стрельца удовлетворит яркая фантазия Рыб, а Рыбам подскажет авантюрная душа Стрельца. Оба знака - путешественники, поэтому закрепить эти отношения может быть непросто. Однако если оба знака будут довольствоваться менее определенными и более тонкими отношениями, то они станут поистине фантастической парой.

Козерог

Козерог - знак, представленный морским козлом, животным, наполовину состоящим из козла и хвоста рыбы. Эта загадка или образец может жить одинаково как на суше, так и в воде, олицетворяя способность Козерога уравновешивать свою логику и интуицию. Самый амбициозный знак Зодиака знает, как применить эти навыки на практике.

Козерог находится под управлением управителя Сатурна, планеты, от которой зависит погода и ограничения. Сатурну в астрологии отведена роль преподавать трудные уроки, и Козерогу не чужды эти страдания.

В детстве и юности Козерог обычно проходит через многое, но затем он омолаживается, становится оптимистичным и веселым, что взрослеет. Сила характера всегда сопровождает его, и Козерог использует эту внутреннюю силу для преодоления препятствий и реализации своих долгосрочных целей. Одним словом, этот знак никогда не позволит ничему и никому встать на пути к своему успеху.

Как кардинальный знак, Козерог прекрасно подходит для запуска проектов и занятия лидирующих позиций, а его позитивный настрой приводит его к триумфу в любой профессии.

Козерог любит делиться со своими близкими друзьями-компаньонами, и этот земной знак ценит качественное времяпрепровождение со своими партнерами. Козерогу нравится создавать окружение из единомышленников, а внутри каждого серьезного Козерога скрывается очень озорной характер.

 Поначалу, поскольку он не отличается самоуверенностью, это выглядит несколько традиционно и консервативно, но близкие к Козерогу люди знают, что этот морской козел может превратиться в настоящего ноктюрна и веселиться без остановки.

Амбициозность Козерога вдохновляет и апатичных, однако из-за своей непоколебимости он также имеет репутацию холодного и безэмоционального человека. По привычке он всегда обдумывает общую картину, и у него не хватает времени и сил на то, чтобы давать советы своим друзьям.

Хотя не все Козероги созданы равными, Козерог должен помнить, что не всякий успех в жизни может быть отражен в резюме, и, наконец, сопереживание важнее любой профессиональной карьеры. Сострадание и амбиции не являются взаимоисключающими, и когда у него появится возможность объединить эти аспекты своей жизни, он будет гораздо более удовлетворен.

Козерог всегда имеет высокий статус, поэтому его привлекают или пары, которые амбициозны. Их привлекают люди, обладающие профессиональными или творческими талантами, или даже юмором. Когда Вы влюбляетесь в Козерога, обязательно выделите свои лучшие качества, подчеркните свои способности. Козерогу будет интересно с вами.

Козерог хочет создать прочный фундамент в своих романтических отношениях с, поэтому он не тратит время на незначительные отношения, не ходит с ветки на ветку, и, если он проявляет интерес, значит, вы ему действительно нравитесь. Поначалу его стиль влюбленности может быть достаточно традиционным, он не хочет тратить свои деньги на удовольствия, пока нет безопасности. Если чувства зародились, Козерог начнет раскрываться, и станет менее аскетичным.

Козерог-любовник подходит к сексуальности с акцентом и самоотдачей, когда речь идет о сексе, все черно-белое. Для этого знака это либо проявление романтики, либо случайная ночь. Когда нет эмоциональной привязанности, секс у Козерога может быть стерильным, деловым с незнакомцем. Но, когда он хочет отпустить того, к кому эмоционально привязан, он проявляет свою внутреннюю чудовищность.

Козерог, когда дело доходит до секса, является конкурентоспособным, поэтому он будет просить вас рассказать ему обо всей вашей сексуальной жизни, не стыдитесь, потому что он хочет соревноваться или улучшить это.

Чтобы сохранить отношения с Козерогом, нужно просто помнить, что для Козерога любовь — это как бизнес, и, хотя он не работает ради оваций, как другие, он требует почтения, особенно от партнера. Как только отношения переходят начальную стадию, Козерог начинает углублять связь. Козерогу необходимо быть рядом с надежным человеком, который также играет роль советчика.

Для этого знака работа необходима, чтобы выжить, и является продуктивной отдушиной для его внутренней подсознательной борьбы. Козерог всегда будет благодарен за возможность обнажить свои уязвимые места перед партнером, тем самым обеспечив себе не только любовника, но и друга.

Козерог известен своей выносливостью, и в отношениях от него можно ожидать, что тяга партнера будет равна его тяге или превзойдет ее. Это желание не просто быть сильной парой, а создать и поддерживать качество жизни, которое Козерог может защитить. Для Козерога нет ничего более сексуального, чем упорный труд. Козерог ненавидит ленивых людей, и если вы такой, то это совсем не его тип.

Когда Козероги оказывают сильное давление на своего партнера, это может вызвать недовольство с обеих сторон, и чтобы избежать этого, они должны помнить, что каждый человек движется в своем собственном темпе и, что, возможно, наиболее важно, имеет свое собственное определение триумфа.

Если по стечению обстоятельств Козерог начнет относиться к Вам как к помощнику, отношения могут оказаться на грани исчезновения, и, хотя он не лжец, если Козерог решит сбиться с пути, он будет анализировать это как маркетинговое исследование, то есть изучать свои лучшие варианты, чтобы сделать вывод, к какому типу отношений он относится. Наиболее выгодный.

В конце концов, для этого астрологического администратора все является переговорами, даже самые эмоциональные ситуации можно смягчить хорошим предложением. Не заблуждайтесь, если Козерог считает, что отношения соответствуют вашим ожиданиям, он будет бороться за них до конца.

Но если он обнаружит, что математика больше не дает тех цифр, которые она должна давать, он будет готовиться закрыть рынок. Честно говоря, он более ласков, чем предполагает его престиж, но он никогда не пытается убедить человека остаться, если тот не заинтересован в продолжении отношений. Если вам посчастливилось заполучить Козерога, вам гарантирован стабильный, верный партнер.

Козерог и Овен, несмотря на свою амбициозность, совершенно по-разному определяют успех. Козерог медленно поднимается в гору, в то время как Овен прокладывает себе путь с головой, стремясь к вершине. По правде говоря, детская жизнерадостность Овна может быть неприятна строгому Козерогу, для него она кажется запущенной и нерафинированной. Овен же иногда может воспринимать Козерога как не креативного и скучного. Не все еще потеряно для этих двух предприимчивых знаков. Если они научатся принимать логику друг друга, то смогут построить отношения, основанные на взаимопонимании и уважении. Кроме того, вы оба получаете удовольствие от секса, и на это определенно стоит сделать ставку.

Козерог и Телец - естественная пара. Тельцу нравится преданность Козерога, а морскому козлу - стабильность, которой так жаждет Бык. Кроме того, Козерог ценит чувственность Тельца, которая придает дополнительные нюансы порой суровому упорству морского козла. Козерог и Телец - практичные люди, которые действительно понимают друг друга. Однако ни одни отношения не бывают идеальными, и Козерог с Тельцом могут защитить себя в своей общей зоне комфорта. Отношения должны быть веселыми и совместными, поэтому этим двум знакам следует позаботиться о том, чтобы поддерживать пламя любви с помощью спонтанности.

Козерог и Близнецы - сочетание на редкость любовное. На самом деле, эти знаки настолько разные, что романтические отношения между ними достаточно безумны, чтобы получиться. Козерог заинтригован беглостью Близнецов, а Близнецы хотят впитать всю мудрость, которую может предложить Козерог. Вместе вы сможете преподать друг другу бесценные уроки, вдохновляя друг друга в профессиональном, творческом и, конечно же, сексуальном плане. В этих отношениях Козероги также не преминут проявить свои самые извращенные наклонности. Любые отношения требуют переговоров и компромиссов, поэтому, если оба знака готовы вкладывать силы в достижение общих целей, они могут стать партнерами на всю жизнь.

Козерог и Рак - знаки зодиака, символизирующие небесных прародителей. Козерог представляет сильную энергию отца, а Рак связан с женской энергией матери. Эти знаки разделяют более традиционные взгляды на романтику. Они стремятся создать безопасную домашнюю обстановку, полную поддержки и обязательств. Конечно, даже самые преданные пары ссорятся, поэтому, если эти два знака планируют встречаться, они должны быть готовы к тому, что иногда будут ссориться.

Козерог и Лев, хотя ни один из них не хочет этого признавать, живут, тайно одержимые друг другом. Козерог очарован драматическим стилем Льва, а Лев вдохновлен невероятной трудовой этикой Козерога. У них есть потенциал для создания невероятно сильной пары, но сначала они должны быть готовы отпустить свое эго. В частности, Лев должен смириться с тем, что последовательный подход Козерога иногда выигрывает конкуренцию, а Козерог должен признать, что драматизм Льва является эффективной методикой. В этих отношениях всегда будет присутствовать конфликт, но если вы предложите его, то это напряжение станет чисто сексуальным, а оба знака очень заинтересованы в том, как выразить энергию.

Козерог и Дева — это очень хорошие отношения. Козерог прилагает все усилия, чтобы создать в своей жизни безопасность и надежность. Как братья по стихии, поскольку они оба являются земными знаками, Дева имеет схожие устремления. Следовательно, эти знаки составляют прекрасную команду. Козерог ценит организованность Девы, а Дева восхищается широким кругозором Козерога. Это старательная и рациональная пара. Однако, когда дело доходит до отношений, этим двоим придется следить за тем, чтобы их механика не стала слишком практичной. Если вы оба сможете найти новые способы подтолкнуть друг друга и быть сексуально привлекательными, то сможете создать отношения, которые будут длиться долго.

Козерог и Весы, им приходится очень много работать, чтобы сохранить отношения. Козерог - трудоголик. Некоторые знаки ценят его амбициозность, но такой подход к жизни, конечно, не для всех. В таких отношениях оба знака должны быть уверены, что они находятся на одной волне. Весы, дипломат Зодиака, могут быть разочарованы стоицизмом Козерога.

У Козерога, как у труженика, нет времени на тонкости, которые как раз и способствуют продвижению Весов в обществе. Козерога легко раздражает излишняя приятность Весов. Когда эти два знака объединяют свои усилия, Козерог должен помнить, что Весы ему не помощник, а Весы должны принять свою роль верного партнера Козерога. Если вы научитесь уважать свои различия, то этот союз будет успешным.

Козерог и Скорпион - отношения темные, загадочные, но очень сексуальные. Скорпион одержим властью и контролем, но, когда он встречает Козерога, тот, кто так ориентирован на свои цели, понимает, что никто, даже его соблазнительная сила не может вывести его из равновесия.

Это возбуждает Скорпиона, который работает сверхурочно, чтобы заслужить с таким трудом завоеванное расположение Козерога. А пока Козерог сидит и расслабляется, этот земной знак любит наблюдать за тем, как потеет Скорпион.

Хотя это перетягивание каната является эротическим, если эти двое хотят развивать отношения, они должны убедиться, что их отношения не основаны полностью на темах доминирования и подчинения.

У Козерога и Стрельца просто нет особых перспектив. Оптимистичный Стрелец заставляет Козерога чувствовать себя расстроенным. В итоге, если эта пара научится работать вместе, то сможет создать сбалансированные отношения, которые будут одновременно страстными и стабильными. Это может потребовать обязательств, но, в конце концов, все в жизни — это сделка.

Козерог и Козерог, эти двое зажигают друг друга своей нравственностью и добросовестным отношением к работе, поэтому весьма вероятно, что они впервые соединятся в среде или на факультете. Однако такая связь встречается редко. Эти души-ветераны могут по-настоящему построить отношения, ведь они способны образовать неудержимый дуэт - одну из самых яростных и, пожалуй, самых успешных пар власти в Зодиаке. Движимые своими амбициями, два Козерога снимают двухместный номер в гостинице.

У **Козерога** и Водолея разные подходы к жизни. Козерог имеет свои корни. Водолей, продвигаясь в идеях, исследует интеллектуальный динамизм, часто вопреки всему устоявшемуся.

Водолей жаждет разрушить модуль, который Козерог упорно создает. Естественно, в этих отношениях будет присутствовать напряжение, но Козерог и Водолей могут также учиться друг у друга. Хотя может потребоваться время, чтобы каждый из них начал ценить обещания другого, у этой пары есть потенциал для совместимости.

Козерог и Рыбы — это отношения. Амбициозность Козерога и креативность Рыб - безошибочная формула успеха. Будучи водным знаком, Рыбы часто обладают чисто художественным видением.

Однако у него нет необходимой основы для воплощения своих мечтаний в реальность, и когда он встречает Козерога, то получает помощь для переноса своих абстрактных идей в материальный мир.

 Козерог должен тщательно распределять свое время между этими двумя фактами, а Рыбы должны предоставить ему для этого пространство. Если эти знаки смогут научиться ориентироваться в совместной жизни как пара, ваши отношения будут прекрасными.

Водолей

Водолей, символизируемый носителем воды, которая дает жизнь земле, Водолей - почетный воздушный знак.

Прогрессивный и бунтарский, он существует для того, чтобы наводить порядок. Водолей верит в справедливость и равенство, и для этого мыслителя все имеет социальное или политическое значение. Он считает, что каждое действие имеет свою реакцию, и, соответственно, все его решения отражают мораль. Бунтарь в душе, этот воздушный знак презирает авторитеты и спешит отвергнуть все, что представляет собой условность.

Он действительно считает, что изменения в перспективе способствуют общему благу, и не пытается звонить в колокола там, где речь идет о социальной справедливости. Такой необычный образ жизни вдохновляет окружающих, и он любит доказывать, что всегда можно мечтать по-крупному. Если вы столкнулись с препятствиями в каком-либо проекте, у Водолея есть решение.

Водолеем управляет Уран, планета, управляющая инновациями, технологиями и яркими событиями. У него действительно есть дар к продвижению вперед, поэтому его часто называют зодиакальным чудо-ребенком. Умный и жаждущий перемен, он всегда на два шага впереди современного общества. Упрямство - его ахиллесова пята.

Упорство Водолея явно связано с его сильными и праведными доктринами, и эта черта захлебывается, как только у него появляется возможность провозгласить позитивные перемены. Поскольку Водолей всегда так мотивирован на равенство, я работаю для него в команде и в сообществах единомышленников.

Водолею необходимо много пространства для размышлений, формирования идей и планирования своей роли в любом деле, которое он защищает. Свобода, как в теории, так и на практике, очень важна для этого знака.

По сути, любой, кто оспаривает свободу Водолея, является его противником. Как видите, в Водолея трудно влюбиться, поскольку он ориентирован на общество в целом, а не на светскую беседу с человеком. Однако, хотя она и не хочет этого признавать, она теплокровная личность, которая также нуждается в ласке.

Поскольку Водолей не такое уж физическое существо, любовь для него во многом похожа на дружбу, он любит мыслить нестандартно, поэтому его подход к знакомствам нетрадиционен. Вместо традиционной цитаты подумайте о том, что соответствует вашим личным интересам, но при этом помните, что Водолей считает, что каждый интерес и хобби должны отражать этику человека, поэтому, прежде чем делать какие-то оговорки, обязательно выясните, что именно вам нравится.

Самое главное, что нужно помнить о романтических отношениях с Водолеем, — это то, что вам необходимо личное пространство в большом количестве. Время, проведенное наедине с собой, крайне важно для этого знака, более того, вы взбунтуетесь, если почувствуете себя взаперти. Если сомневаетесь, вернитесь и подождите, пока Водолей сам придет к вам. Помните, что, хотя он и отстранен, на самом деле ему не все равно, просто у него свой уникальный способ выражать эти чувства.

Водолей эксцентричен, поэтому он не терпит, когда на него навешивают ярлыки и классифицируют, и особенно его радуют люди с нетрадиционным стилем, сочетающие в себе различные внешние черты.

Неудивительно, что этот знак, находящийся так высоко в небе, имеет репутацию отстраненного, когда речь идет об интимных отношениях. Однако, хотя его часто больше волнует абстрактное, в плотских желаниях он вас не обманывает, потому что Водолей любит удовольствия и знает, чего хочет.

Стимулируйте своего любовника-Водолея, меняясь ролями, экспериментируя со скрытыми желаниями и исследуя новые способы выражения индивидуальной сексуальности, а поскольку Водолей связан с технологиями, новейшие устройства для получения удовольствия будут стимулировать Вас больше, чем Ваши фантазии.

Хотя Водолею трудно найти баланс между потребностью в свободе и потребностями отношений, когда он берет на себя обязательства, он понимает, что все — это переговоры. В основе своей он хочет, чтобы все было справедливо, а не чтобы его предпочтения доминировали в отношениях. Поэтому, поддерживая отношения с Водолеем, экспериментируйте с созданием различных параметров совместной жизни.

Помните, что временная разлука не обязательно означает эмоциональную дистанцию, небольшая разлука помогает углубить любовь и доверие, закладывая основу для конкретных отношений.

Важно также отметить, что хотя Водолей выражает свои эмоции необычными способами, у него есть чувства, он делает все возможное, чтобы быть внимательным и добрым партнером, и это будет зависеть от вашей поддержки.

Водолей и Овен образуют интересную пару, поскольку оба знака маршируют в ритме собственной музыки. Ни Водолей, ни Овен не хотят быть ограничены условностями социализма, поэтому уважают независимость другого. Эти отношения могут потребовать некоторой корректировки, чтобы увидеть весь потенциал. Водолея может расстраивать эгоцентричность Овна, а Овен может чувствовать себя неуютно из-за характерной для Водолея отстраненности. Этим отношениям будет способствовать общение, поэтому оба партнера должны быть готовы быть искренними в своих словесных выражениях. Если вы оба сможете постоянно напоминать друг другу о том, почему вы вкладываете в друг друга деньги, то сможете создать здоровые отношения.

Водолей и Телец, несомненно, два самых упрямых знака Зодиака. Более того, оба они могут давить друг на друга. Мятежному Водолею не нравится преклонение Тельца перед традициями, а Телец чувствует себя атакованным строгой моралью Водолея. Если эти знаки решат объединиться, им придется научиться ценить свои различия, что для таких упрямых знаков нелегко. Однако Водолей может научиться ценить материальную сферу, а Телец - быть более терпимым к различным водолей ким мировоззрениям. Эти отношения не будут легкими, но если любовь сильна, то у этих двоих все получится.

Водолей и Близнецы — это уникальные отношения. Водолей известен своим гуманизмом. Этому знаку воздушной стихии нравится общее мышление, его мотивирует общественная деятельность, вдохновляющая на прогресс. Как воздушный супруг, Близнецы восхищаются новаторским духом Водолея, который также сочиняет сцены для выступлений болтливого Близнеца. Водолею нравится радостный дух Близнецов, и благодаря этому интеллектуальному механику эти отношения вызывают неподдельный энтузиазм. Хотя этому дуэту приходится прилагать немало усилий, чтобы оставаться на земле, ведь в воздухе больше всего воздуха, когда они оба посвящают себя делу, они вместе инвестируют в себя и во благо человечества.

Водолей и Рак - эти отношения не невозможны, но они не самые вероятные. Рак всегда будет ставить на первое место друзей и семью, а Водолей просто по-другому воспринимает общество. Для него главное - благо всего мира. Во всем есть социальный или политический нюанс, поэтому вы готовы выйти из зоны комфорта, чтобы доказать свою точку зрения.

Это пугает Рака, который даже не может понять, как можно сознательно отказаться от своей зоны комфорта. Однако, хотя Рак в большей степени сосредоточен на своей ближней сфере, оба знака являются новаторами-интеллектуалами с выдающимися идеями. Хотя это может быть непросто, но при должном балансе вежливости и понимания Водолей и Рак могут объединить свои усилия.

Водолей и Лев - отличная пара. Водолей помогает приглушить эго Льва, а Лев показывает Водолею, что иногда можно привнести в его мир немного гламура.

Поскольку Лев олицетворяет лидера, а Водолей - людей, эта пара имеет полное представление о сложных социальных системах. Однако Лев — это сердце, а Водолей - мозг. Это очень важное различие, поскольку отстраненность, свойственная Водолею, может угрожать гордости Льва.

 К счастью, если оба смогут найти золотую середину: Водолей будет более ласковым, а Лев - менее театральным, то эти двое смогут создать соотношение, которое приведет к длительным отношениям.

Водолей и Дева имеют различия, воздушные знаки вдохновляются абстрактным, а земные - реальностью, но любопытно, что они создают идеальные отношения. Дева помогает Водолею разобраться в нюансах, а Водолей побуждает Деву исследовать общую картину. Глубокая проблема, которую придется преодолеть этим двум знакам, заключается в их крайне разных отношениях с властью. Если Дева ненавидит нарушать правила, то Водолей живет ради возможности бросить вызов устоям. Однако если каждый из них научится понимать точку зрения другого, между ними могут возникнуть особые отношения.

Водолей и Весы совпадают по многим пунктам, когда эти два
воздушных знака объединяют свои усилия, трудно понять,
соединяются ли они для секса, любви или социального статуса.
Хотя Водолей никогда не признает, что он меркантилен, оба
знака знают о его социальных контактах. Весы жаждут, чтобы их
любили, а Водолей хочет доказать, что его взгляды правильные.
Хотя Водолей и Весы понимают друг друга без особых усилий,
каждый из них должен быть уверен, что вкладывает в это
соотношение правильные мотивы. В противном случае эта связь
угаснет.

Водолей и Скорпион могут создать нерушимые отношения.
Скорпион ассоциируется с сексом, Водолей, однако, не столь
похотлив. Дело не в том, что Водолей отстраняется от
сексуальности, водонос определенно сжигает его кровь, просто у
него совсем другой подход к эротике. Водолея интересует опыт, а
Скорпиона - мастерство обольщения. Такое неравенство говорит
о напряжении между этими двумя знаками, просто у них
совершенно разные формы. Однако если они смогут научиться
работать вместе и вкладывать в свою страсть и взаимное
притяжение, то отношения возможны.

Водолей и Стрелец — это гармоничные отношения.
Символизируемые соответственно воздухом и огнем, они
создают захватывающий союз. Водолей вдохновляет Стрельца
соединить любовь к философии с социальной справедливостью, а
Стрелец побуждает Водолея быть более социальным. Вместе эти
два знака обладают всеми необходимыми качествами для

создания чрезвычайно эффективного партнера. Однако для поддержания романтических отношений им необходимо следить за тем, чтобы они проводили время вместе. Ни один из этих знаков не мотивирован на отношения, поэтому им может быть трудно создать прочный союз. Но если они готовы утихомирить свое волнение, периодически проявляя его, то это определенно будет стоить того.

Водолей и Козерог, у них могут возникнуть большие проблемы с сохранением отношений. Логичный и жадный Козерог упирается в "здесь и сейчас", то есть в свои профессиональные задачи. Водолей, напротив, продвигается по пути абстракции, ищет новаторские идеи и уникальные интеллектуальные возможности, очень часто вопреки устоявшимся системам. Поскольку Водолей стремится разрушить структуры, созданные Козерогом, между знаками возникнет напряжение. К счастью, Козерог и Водолей могут многое почерпнуть друг от друга. Эти прирожденные лидеры могут по достоинству оценить то, что может предложить другой. Потребуется лишь немного терпения. Каким-то образом Водолей способен влюбиться, не имея на то никаких земных оснований. Однако у этих двоих могут возникнуть трудности с построением длительных отношений.

Отношения **Водолей-Водолей** сложны, буквально почти невозможны, потому что для них оставаться на якоре - сложная задача. Водолей ненавидит быть замкнутым, что может быть затруднительно во время помолвки. В зависимости от личных предпочтений одному или обоим знакам может понадобиться кто-то более реалистичный. Хорошая новость заключается в том, что они могут питаться эксцентричностью друг друга, а также в том, что каждый из них понимает характерную для Водолея чувствительность, которую другие люди часто не понимают.

Водолей и Рыбы могут удовлетворить друг друга. Если Водолей проводит день за написанием указов, то Рыбы предпочитают писать стихи. Однако, несмотря на разные способы самовыражения, и Водолей, и Рыбы - гуманитарии, которые, видя ситуацию, сразу же задаются вопросом, что нужно сделать, чтобы ее исправить. Интеллектуальный подход Водолея, хотя и достоин восхищения, чужд интуитивным Рыбам, которыми движут прежде всего эмоции. Точно так же нежные прикосновения Рыб необычны для Водолея, который свободно движется по жизни. В этих отношениях игра начинается с сильных сторон, но каждый из партнеров должен приложить немало усилий, чтобы удовлетворить категорические потребности другого. Водолею нужно, чтобы Рыбы вдохновляли его, а Рыбам нужно, чтобы Водолей показывал, что ему не все равно.

Рыбы

Символом **Рыб являются** две рыбы, плывущие в противоположных направлениях и связанные невидимой нитью, что символизирует их существование на перекрестке утопии и реальности. Это последний знак Зодиака, и поэтому Рыбы аккумулировали в себе все уроки, пройденные одиннадцатью ведущими знаками.

Это самый духовный знак на зодиакальном колесе. Нежный и обходительный, но угрюмый, как особь, обитающая в глубинах океана. Туманностью Рыб управляет Нептун - планета, управляющая творчеством и мечтами, а также утопией и эскапизмом. Нептун роскошен, увлекателен, но иногда может и пугать.

Эти свойства находят самое непосредственное отражение в Рыбах. Как водный знак, она обладает огромной многомерной глубиной и магией, которая делает ее соблазнительной для других. Подобно тому, как море сменяет волны, он то спокоен, фантазируя о завтрашнем дне и размышляя о душе и событиях своей жизни, то энергичен и буен. И в то же время, как и море, оно бурно, энергично и неистово, втягивая свои скрытые чувства в грандиозные потоки.

Поскольку море - мощная и опасная сила, то прежде, чем приступить к подвигу покорения Рыб, успокойтесь и приготовьтесь к целой шкале страшилок, которые вас ожидают.

Преданные своему методу, Рыбы никогда не испытывают недоверия к изменению своего мнения, более того, они с удовольствием принимают новые точки зрения и идеи.

Рыбы не обижаются и могут иметь самый большой конфликт в мире и полностью стереть его из памяти. Рыбы также помогают другим увидеть жизнь со своей точки зрения, и вы можете рассчитывать на его помощь в любых обстоятельствах.

Он постоянно интересуется новыми методами расширения своего кругозора, и Рыбы любят повышать свою духовность с помощью привычек, которые изменяют воображение, даже если это означает погоню за русалкой в болоте, поскольку с момента последнего зодиакального сигнала он совершенно уверен, что реальность действительно нематериальна. Этот знак - эмоциональная губка, непременно притягивающая к себе все, что находится в его окружении, даже то, что существует на тонком плане.

Обладая такой большой эмпатией, Рыбы, прежде чем вступать в новые отношения, должны потратить время на то, чтобы разобраться в своих ощущениях, заметив любой дискомфорт, а если ощущения будут странными, то, несомненно, впитать энергию.

Если Рыбы смогут определить, откуда берется это напряжение, им будет легче осознать, как чувства других людей влияют на него физически. Это поможет сосредоточиться на установлении разделительных линий и в будущем не тяготиться чужими трудностями. Рыбы — это приветливая, ласковая и чистая душа, которую оживляют мечты, музыка и любовь. Знакомство с

Рыбами подобно погружению в глубины великого океана, оно волнительно и таинственно.

Рыбы инстинктивно тянутся к нестандартным людям, которые маршируют под бой собственных барабанов. Однако это вовсе не означает, что ваш идеальный партнер - социальный лишенец.

Рыбы отдают предпочтение парам, связанным с новаторскими и либеральными сообществами. Когда речь идет о вечернем свидании с Рыбами, подумайте о посещении оперы, художественной галереи или запишитесь на мастер-класс по пластике. Он подвержен влиянию или переживаниям, в основном тем, которые связаны с вне телесных и внеморальных сил, более того, любой опыт духовных Рыб предполагает глубокое субъективное исследование.

С течением времени и в процессе общения вы сможете выяснить, какие именно виды практики может или не может вынести ваш партнер, поэтому в начале знакомства избегайте всего непомерного. Это проницательное существо не выносит ничего грубого.

При такой значительной духовной и эмоциональной индивидуализации брачные отношения Рыб глубоко сентиментальны, и это глубоководное существо понимает интимные отношения как союз двух возвышенных и правильных душ. У Рыб может быть неожиданный секс, но они предпочитают быть с тем, кто им дорог и честен, прежде чем падать так низко.

 У этого чувствительного знака возникают проблемы с созданием границ, поскольку в море границ не существует. Случайные отношения с Рыбами похожи на путешествие в другую галактику, и гораздо сложнее преодолеть их приливы и отливы в рамках устоявшихся отношений.

Выстраивание длительных отношений с Рыбами — это целое искусство, оно требует бесстрашия, порыва и адаптации. Рыбы работают в своей особой реальности, поэтому неудивительно, что этот мечтательный водный знак может быть несколько резковат. Он может строить с Вами планы на будущее, хотеть купить дом или завести ребенка, а через некоторое время передумать. Это огорчает, но не стоит противопоставлять Рыб их нечестному поведению, поскольку у них нет эмоциональных рамок, их единственная защита - убегать вплавь, а если вы не знали, Рыбы склонны покидать лодку, чтобы меньше атаковать.

В отношениях Рыбы должны помнить, что эмоции партнера должны быть переданы, им может быть трудно признать то, что они не хотят слышать, но общение — это залог того, что отношения не будут потеряны.

Если вы чувствуете, что ваш партнер-Рыбы начинает отдаляться от вас, один из способов привлечь его - музыка. На первый взгляд это кажется чем-то простым, но персонализированные вещи обязательно завладеют сердцем этой маленькой рыбки и помогут ему восстановить доверие в отношениях.

Однако если отношения достигают точки невозврата, Рыбы тихо изолируются. Он предпочитает не бороться с проблемой, поэтому предпочитаемая им форма разрыва часто бывает расплывчатой и не окончательной.

Рыбы и Овен — это отношения, в которых царит взаимное уважение. Хотя, когда последний знак Зодиака соединяется с первым, результат никто не может предугадать. Рыбы пропитаны знаниями и азартом. Овен, как огненный знак, тревожен, честен и эгоистичен. Эго Овна не причиняет вреда, поскольку оно побуждает его к деятельности, и в союзе с Рыбами эти неравные идеологии могут казаться несоразмерными. Однако если Рыбы смогут признать свирепость Овна как часть своей невинности, а Овен сможет понять пылкую душу Рыб, они могут стать эффективной парой.

Рыбы и Телец сентиментальны, поэтому эти два знака неожиданно притягиваются. Рыбы любят искусство и поэзию, а Телец - еду и вино. S и отношения — это опыт совершенно потусторонние. Интересно, однако, что Рыб и Тельца связывают не вкусы, а способность преподать друг другу более существенные уроки. Рыбы помогают осязаемому Тельцу воспринимать неопределенные идеи, а Телец побуждает страстных Рыб держаться за реальность. Вместе эти знаки - больше, чем романтическая пара, они вдохновляют друг друга.

Рыбы и Близнецы, за исключением проблемы обеспечения себя, совместимы. Рыбы чувствуют себя околдованными социальным мастерством Близнецов, а Близнецы довольны творческим потенциалом Рыб. Оба метательных знака питаются двойственностью, Рыбы символизируются двумя рыбами, а Близнецы - близнецами, поэтому они постоянно движутся в противоположных направлениях. Так же легко, как они сходятся, они и расходятся. Чтобы отношения сложились, эти два знака должны поддерживать друг друга и создавать реальную приверженность одному и тому же движению. Несмотря на то, что оба знака склонны к побегу, остаться в этих полных энтузиазма отношениях - лучшее решение, которое может принять каждый из них.

Рыбы и Рак могут прекрасно работать. Рыбы принадлежат к другому миру. Это водное животное, известное своим сладостным мастерством, душевным творчеством и эффективным ясновидением, притягивает к себе энергии, ауры и все, что существует в тонких сферах жизни. Рак, также морское животное, является идеальной комбинацией для Рыб. Отношения Рыб с этим водным товарищем могут быть приятными и акклиматизированными. Рак может научиться у Рыб совершенствовать свои интуитивные способности. Конечно, время от времени события могут приобретать несколько скользкий характер.

Рыбы и Лев - люди творческие, но выражают они это по-разному. Если Лев любит быть в центре внимания, то Рыбы любят создавать сложные произведения, отражающие его собственный мир. При гармоничном сочетании эти два знака могут выступать в роли божеств, вдохновляя друг друга на дальнейшее развитие собственных творческих способностей. Однако вода и огонь разрушительны. Море эмоций Рыб испаряется от драматизма Льва, а пламя Льва увлажняется эмоциями Рыб, поэтому, чтобы эта пара продержалась, придется потрудиться. Им придется научиться учитывать свои приоритеты, но если они захотят, то эти отношения могут быть глубоко стимулирующими.

Рыбы и Дева чувствительны и сострадательны, поэтому эти противоположности относятся друг к другу на уровне глубокого сопереживания. В этих нежных отношениях оба стремятся пробудить друг в друге все лучшее и тем самым создать прекрасные и стабильные отношения. Логический ум Девы помогает Рыбам добиваться поставленных целей, а творческая изобретательность Рыб вдохновляет Деву на поиски собственного художественного выражения. Однако, хотя Рыбы и Дева могут извлечь пользу из доброты и взаимной поддержки, могут возникнуть проблемы, когда эти знаки становятся мучениками. Эти знаки должны напомнить нам, что в отношениях важнее ответственность, а не жертвенность. Если каждый знак пропустит через себя всю кровь отношений, то праздновать будет нечего.

Рыбы и Весы — это сложные отношения. Для этих двух знаков их встреча может быть действительно похожа на любовь с первого взгляда. Чувствительные Рыбы и задумчивые Весы - романтики по натуре, поэтому они неожиданно для себя влились в это космическое слово "любовь". Рыбы и Весы хотят создать успешные отношения, но ни те, ни другие не уверены в том, как сохранить свой союз. Поскольку ни один из знаков не отличается особой убедительностью, им проще истреблять друг друга на расстоянии. С другой стороны, и Рыбы, и Весы ненавидят конфликты, поэтому при возникновении опасных ситуаций они спасаются бегством. Если вы оба хотите создать прочные отношения, вам придется установить границы, определить условия и сообщать о своих потребностях, даже если это будет означать редкие ссоры.

Рыбы и Скорпион — это очень духовные отношения. Скорпион явно сдержан, и если другим знакам трудно смириться с его приватностью, то Рыбы с удовольствием уважают эти границы. Рыбы - врожденные экстрасенсы, и им не очень нужно, чтобы Скорпион делился личной информацией. Между ними существует невербальное общение. Скорпион, ценя это, может научить Рыб отстаивать свои потребности. Рыбы нуждаются в большом пространстве для исследований, а Скорпион склонен к собственничеству, поэтому этим двоим придется установить определенный ритм. В конце концов, Рыбы и Скорпион образуют ответственную и по-настоящему красивую пару.

Рыбы и Стрелец сразу понимают друг друга, так как оба являются странниками, хотя, будучи соответственно водным и огненным знаками, они исследуют несхожие области. При соединении важные детали, касающиеся характерных для них областей, передаются друг другу в двустороннем порядке. Рыбы и Стрелец просвещают друг друга, подпитывая взаимными ценностями. Однако у них могут возникнуть проблемы с длительными отношениями. Рыбы нуждаются в воде, чтобы оставаться возбужденными, а Стрельцу необходима стабильная среда, чтобы поддерживать огонь. Чтобы романтические отношения между Рыбами и Стрельцом продлились долго, им придется признать свою дистанцию и дать друг другу свободу.

Рыбы и Козерог - знаки воды и земли соответственно, и живут в счастливой гармонии. Отношения могут немного омрачаться, поскольку Рыбы очень эмоциональны и чувствительны, а Козерога питает прежде всего материальный мир.

В большинстве случаев эти различия вдохновляют, однако Рыбы могут чувствовать себя утонувшими в суровости Козерога, а Козерог может быть обескуражен отсутствием связи Рыб с землей.

К счастью, они могут договориться, так как Рыбы могут сотрудничать в творчестве, а Козерог может создать условия для того, чтобы помочь Рыбам воплотить их мечты в жизнь.

Рыбы и Водолей Два последних знака Зодиака образуют привлекательную пару. Когда эффективная энергия воздушного Водолея соединяется с бурлящими водами Рыб, ожидаются тайфуны. Однако на самом деле они образуют динамичную пару, поскольку обоим знакам импонирует стремление к исследованию тайн жизни, и, хотя Водолей связан с наукой, а Рыбы - с духовностью, каждый из них глубоко ценит их. Чужие подходы. Эти двое могут отвлекать друг друга своими сложными теориями и умозрительными идеологиями. Хотя Рыбам и Водолею может быть трудно преодолеть водовороты, из них может получиться отличная команда.

Рыбы и Рыбы — это не пара, а аквариум. Они романтичны, идилличны и чувствительны, поэтому эти отношения в основном основаны на деликатности и творчестве. На самом деле, поскольку Рыбы очень экстрасенсорные, эти отношения могут быть кармическими. Это отношения из других жизней. Но в море нет границ, и точно так же этим двум похожим людям трудно определить свое романтическое сходство. Однако если они это сделают, то связь может слишком увлечься острыми ощущениями, в результате чего эти рыбы могут легко попасть в зависимость друг от друга, что может оказаться губительным. Если они хотят создать здоровые отношения, им придется понять, как построить компактную надстройку вокруг своей сырой сентиментальности. А главное, обоим придется научиться компенсировать заботу о себе взаимной заботой.

Об авторе

Помимо астрологических знаний, Алина Руби имеет богатое
профессиональное образование: она имеет сертификаты по
психологии, гипнозу, Рейки, биоэнергетическому целительству с
помощью кристаллов, ангельскому целительству, толкованию
снов и является духовным инструктором. Руби обладает
знаниями в области геммологи, которые использует для
программирования камней или минералов и превращения их в
мощные амулеты или талисманы защиты.

Руби обладает практичным и целеустремленным характером, что
позволило ей иметь особое, интегрирующее видение нескольких
миров, способствующее решению конкретных проблем. Алина
пишет ежемесячные гороскопы для сайта Американской
ассоциации астрологов, их можно прочитать на сайте
www.astrologers.com. В настоящее время ведет еженедельную
колонку в газете El Nuevo Herald на духовные темы, которая
выходит каждое воскресенье в цифровом виде и по
понедельникам в печатном. На YouTube-канале этой газеты он
также ведет программу и еженедельный гороскоп. Его
астрологический ежегодник ежегодно публикуется в газете
"Diario las Américas" под рубрикой Rubi Astrologa.

Руби написала несколько статей по астрологии для ежемесячного издания "Today's Astrologer", преподавала астрологию, Таро, чтение по руке, исцеление кристаллами и эзотерику. На ее канале в YouTube еженедельно выходят видеоролики на эзотерические темы: Rubi Astrologa. Она ведет собственную астрологическую программу, которая ежедневно выходит на телеканале Flamingo T.V., дает интервью нескольким теле- и радиопрограммам, ежегодно выпускает "Астрологический ежегодник" с гороскопом по знакам и другими интересными мистическими темами.

Она является автором книг "Рис и бобы для души", часть I, II и III, сборника эзотерических статей, изданных на английском, испанском, французском, итальянском и португальском языках. "Деньги для всех карманов", "Любовь для всех сердец", "Здоровье для всех тел", Астрологический ежегодник 2021, Гороскоп 2022, Ритуалы и заклинания для успеха в 2022 году, Заклинания и секреты, Астрологические уроки, Ритуалы и амулеты 2023 и Китайский гороскоп 2023 - все на пяти языках: Английский, итальянский, французский, японский и немецкий.

Руби прекрасно владеет английским и испанским языками, сочетает в своих чтениях все свои таланты и знания. В настоящее время проживает в Майами, штат Флорида.

Более подробную информацию можно получить на сайте www.esoterismomagia.com.